ВМЕСТЕ

Russisch für die Oberstufe

Herausgeberin
Dr. Christine Heyer

Autorinnen/Autoren
Dr. Christine Heyer
Georg Häfele
Elena Kukharenko
Gustav Neuthinger
Dr. Annelie Schmidt
Dr. Harry Walter

Beraterin
Ulrike Sawall-Losensky

Cornelsen
VOLK UND WISSEN

Вместе – Miteinander
Russisch für die gymnasiale Oberstufe

Herausgeberin
Dr. Christine Heyer

Autorinnen/Autoren
Dr. Christine Heyer *Magdeburg*
Georg Häfele *Esslingen*
Elena Kukharenko *Leipzig*
Gustav Neuthinger *Braunschweig*
Dr. Annelie Schmidt *Dresden*
Dr. Harry Walter *Greifswald*

Beraterin
Ulrike Sawall-Losensky *Calau*

Muttersprachliche Beratung
Dr. Rima Breitsprecher *Greifswald*

Redaktion
Regina Riemann
unter Mitarbeit von Lena Richert
und Kristina Müller

Illustrationen
Roland Beier
Uta Bettzieche
Sybille Storch
Klaus Vonderwerth

Karten
Dr. Volkhard Binder

Umschlaggestaltung
V+I+S+K

Layout und technische Umsetzung
Marina Goldberg

Bildrecherche
Susanne Scheffer, Lena Richert

Zum Lehrwerk gehören außerdem
Audio-CD für Lehrer ISBN 978-3-06-020032-0
Handreichungen für den Unterricht ISBN 978-3-06-120030-5

www.cornelsen.de

1. Auflage, 1. Druck 2010

Alle Drucke dieser Auflage sind inhaltlich unverändert
und können im Unterricht nebeneinander verwendet werden.

Druck: CS-Druck CornelsenStürtz, Berlin

ISBN 978-3-06-120021-3

Inhalt gedruckt auf säurefreiem Papier aus nachhaltiger Forstwirtschaft.

Содержание

Список символов и сокращений

П	приложение
Р	речевые обороты
	работа в группах
	работа в паре
	текст для аудирования

англ.	английское слово
воен.	военная лексика
доб.	добавочный номер
др.	другие
жарг.	жаргон
кого-л.	кого-либо
кого-н.	кого-нибудь
нар.-разг.	народно-разговорное слово
публиц.	публицистический стиль
разг.	разговорная речь
упр.	упражнение
устар.	устарелое слово
см.	смотри
ср.	сравни
стр.	страница
т. д.	так далее
т. е.	то есть
что-н.	что-нибудь

Молодёжь – это мы!

1 Какие ассоциации вызывает у вас слово *молодёжь*? Напишите как можно больше слов и выражений, которые у вас ассоциируются с этим понятием.

2 Посмотрите на фотографии и выскажите своё мнение о них.
а) Какая фотография вам больше всего нравится? Обоснуйте ваше мнение.
б) Выберите одну из этих фотографий и опишите её подробно.
в) Сравните свои описания и найдите заглавие для вашей фотографии.
г) Покажите выбранную вами фотографию всему классу и объясните, почему вы выбрали именно это заглавие.

3 Русские пословицы.
Объясните значение следующих пословиц и найдите, где возможно, немецкие эквиваленты.

Молодость не грех,
а и старость не смех.

Старость – не радость,
а молодость – не жизнь.

Молодой старому
не верит.

В чём молод похвалится,
в том стар покается.

Не годы, а горе старит.

4 Послушайте песню рок-группы «Кино» *Мы хотим танцевать*, которая вдохновляла молодёжь 90-х годов.

Наше сердце работает, как новый мотор,
Мы в четырнадцать лет знаем все, что нам надо знать,
И мы будем делать всё, что мы захотим,
Пока вы не угробили весь этот Мир.
В нас ещё до рождения наделали дыр,
И где тот портной, что сможет их залатать?
Что с того, что мы немного того,
Что с того, что мы хотим танцевать?
Наше сердце работает, как новый мотор,
Почему и чего мы ещё должны ждать,
И мы будем делать всё, что мы захотим,
А сейчас, сейчас мы хотим танцевать.
Мы хотим танцевать.

а) **Как вы думаете, какие проблемы интересовали молодёжь 90-х годов и какие проблемы интересуют её сегодня?**

б) **Попробуйте составить шкалу ценностей российской молодёжи. Что стоит по вашему мнению на первом месте, а что на последнем:** традиция, безопасность, успех, власть, богатство, самостоятельность, ответственность, доброжелательность, риск, новизна?

Мой год в Германии в качестве Au-pair

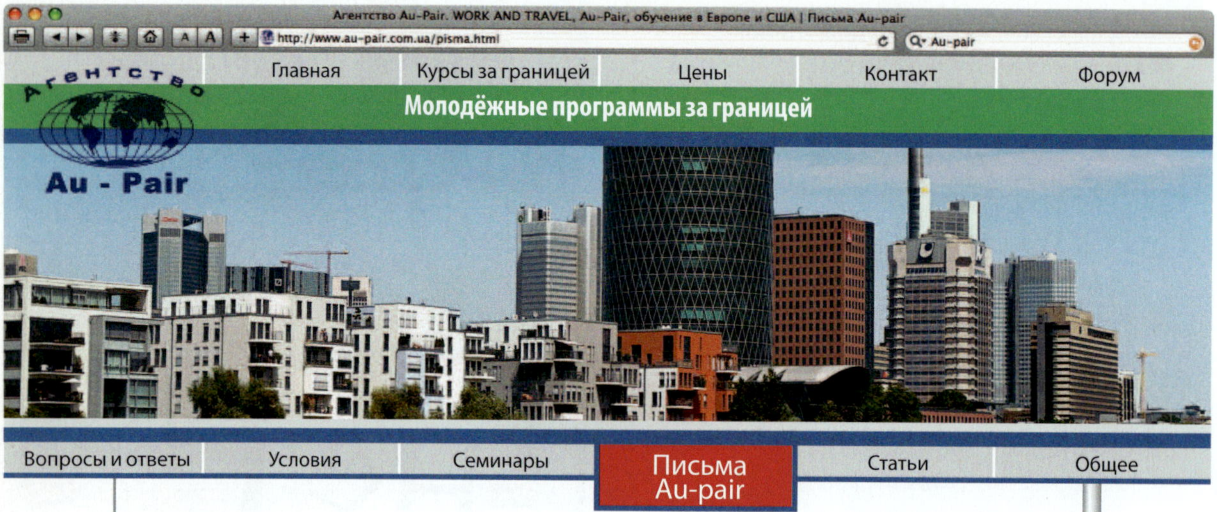

После окончания школы в г. Архангельске я приехала в Германию в качестве Au-pair. Уже тогда почти каждый второй с нашего факультета иностранных языков работал Au-pair в Европе, поэтому процесс подготовки документов и оформления визы представлялся несколько рутинным. Намного волнительнее оказалось для меня расставание с семьёй и друзьями, которых должна была заменить на целый год маленькая немецкая семья в г. Пиннеберге под Гамбургом. И это им удалось! Мы смогли не только стать друзьями, но и поддерживаем до сих пор дружеские отношения. Но обо всём по порядку.

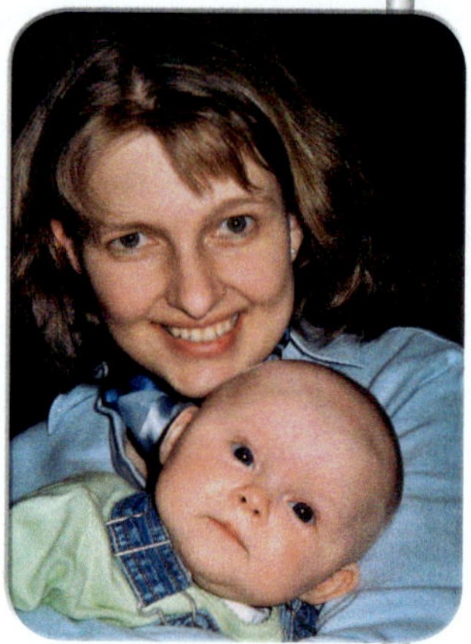

Хоть уже и прошло почти восемь лет, но в памяти хорошо отложились впечатления от моего первого пребывания в Германии: чистые, почти безлюдные улицы, бесконечные потоки машин, строгое соблюдение правил на дорогах, т. е. всё то, что резко отличалось от тогдашней ситуации в России.

Комната, в которой я жила, была большой и просторной. Единственное, к чему я долго не могла привыкнуть, были белые стены, напоминавшие мне больницу. Первое время мне хотелось обклеить их фотографиями и картинами. И как я была удивлена, когда испытала похожее чувство, увидев через год цветные обои дома!

Но удивляться мне пришлось ещё очень многому, например, моему первому знакомству с гостевой семьёй. Моя «гастмуттер» была очень вежлива и обходительна со мной, дети подарили мне рисунки, украсили комнату к моему приезду. Но если бы в России по такому поводу накрыли праздничный стол, то здесь меня ожидал скромный ужин...

План моей работы составлялся на неделю. В мои обязанности входило отводить и забирать Якоба из детского садика, готовить обед, пылесосить детские комнаты, гладить, помогать Кларе с уроками, играть с детьми после обеда. Один или два раза в неделю я должна была оставаться вечером с детьми. Мы вместе ужинали, читали книги, рисовали, затем я помогала Кларе и Якобу умываться и чистить зубы и укладывала их спать. Новым для меня было то, что перед сном дети слушали CD со сказками или аудиокниги с детскими рассказами. Поначалу я довольно скептично воспринимала такой способ засыпания, но позднее поняла, что слушать рассказы перед сном намного полезнее, чем смотреть телевизор.

Конечно, по вопросам воспитания наши представления расходились. В русских семьях детям прививают с детства уважение к старшим, приучают к дисциплине. Ребёнок знает точно, где границы дозволенного, и старается их не переступать. В моей же немецкой семье мне приходилось сталкиваться с ситуациями, когда детям удавалось добиваться своего благодаря лояльному подходу моей «гастмуттер» к методам воспитания. Первые два месяца я буквально боролась с детьми, не привыкшими к той требовательности и последовательности, с которыми я обращалась с ними. Но постепенно мы привыкли друг к другу, я стала для Клары и Якоба кем-то вроде старшей сестры, и наши отношения наладились.

В свободное время я либо отдыхала с семьёй, которая приглашала меня на все праздники, либо ездила каждую неделю в Гамбург на встречи с другими Au-pair. Из разговоров с ними я узнавала о тех проблемах и трудностях, с которыми некоторым девочкам и ребятам приходилось сталкиваться в их гостевых семьях, и была рада тому, что моя семья видела во мне не просто няню или рабочую силу, а воспринимала меня как члена семьи и даже друга, с которым советовались и чьим мнением интересовались.

За один год я познакомилась со многими интересными людьми из разных стран, посетила большое количество городов в Германии, побывала в других странах. Но главное, что дал мне этот год в Германии, – это возможность не только узнать немецкие традиции и обычаи, культуру страны, но и пережить и испытать их на себе в кругу дружной немецкой семьи.

Татьяна

Работа над текстом

1 **Ответьте на вопросы.**

1. Когда и почему Татьяна решила поехать в Германию?
2. Каковы её первые впечатления о Германии?
3. Что вы узнали о немецкой семье, в которой жила Татьяна?
4. Какие обязанности по дому были у Татьяны?
5. В чём она была не согласна с членами своей гостевой семьи?
6. Каково отношение Татьяны к немецкой семье?

П **2** **Дайте краткое резюме письма Татьяны.**

Р Для написания резюме пользуйтесь речевыми оборотами на стр. 142.

3 **Охарактеризуйте Татьяну.**

4 **Немецкая семья собирается за ужином и обсуждает с Татьяной вопросы воспитания детей. Татьяна считает, что детей надо приучать к дисциплине, а немецкая семья предпочитает более либеральные методы воспитания. Найдите аргументы за или против воспитания дисциплины у детей и сыграйте эту сцену.**

Используйте следующие выражения:

- воспитать/воспитывать у ребёнка (детей) самостоятельность
- воспитать/воспитывать ребёнка (детей) в духе свободы (сознательной дисциплины)
- переступить/переступать границы дозволенного
- вести себя хорошо (плохо, капризно)
- он (она) хорошо (плохо) воспитан(на), невоспитан(на)
- дать/давать кому-л. либеральное (строгое воспитание)
- уважать родителей (взрослых)
- быть (не)вежливым
- требовательность, быть требовательным
- последовательность, быть последовательным

П **5** **Могли бы вы представить себя Au-pair или практикантом в России? Обоснуйте ваше мнение.**

P Для выражения вашего мнения пользуйтесь речевыми оборотами на стр. 150.

6 **В Au-pair агентство *Европейские Стандарты* приходит много писем с просьбой об устройстве на работу в качестве няни. Просмотрите анкету. Какие вопросы вы считаете важными? Прочитайте два письма.**

Международное Au-pair агентство Мюнхен Германия

http://www.aupairzentrale.at/ru/aupairs/register/

Google

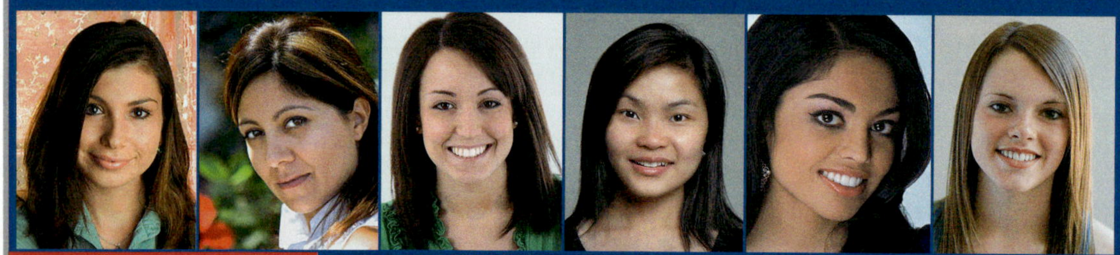

Регистрация для Au-pair

Мои личные данные

Национальность:		
Номер паспорта:*		
Дата рождения:*	Выберите … Выберите … Выберите	
Семейное положение:*	холост/не замужем разведен(а)	женат/замужем вдовец/вдова
Хорошее ли у Вас здоровье?*	да	нет
Есть ли у Вас аллергии или хронические заболевания?*	да	нет
Вы вегетарианец/вегетарианка?*	да	нет

Мой опыт, мои знания и способности

Есть ли у Вас опыт ухода за детьми?*	☐ да	☐ нет	☐ немного
Есть ли у Вас водительские права?*	☐ да	☐ нет	☐ немного
Умеете ли готовить?*	☐ да	☐ нет	☐ немного
Умеете ли шить?*	☐ да	☐ нет	☐ немного
Занимаетесь ли спортом?	☐ да	☐ нет	☐ немного
Умеете ли ездить на велосипеде?*	☐ да	☐ нет	☐ немного
Умеете ли ездить верхом?*	☐ да	☐ нет	☐ немного
Играете ли на музыкальном инструменте?*	☐ да	☐ нет	☐ немного
Умеете ли плавать?*	☐ да	☐ нет	☐ немного

Моё сообщение гостевой семье

Уважаемые господа!

Меня зовут Лаура Мюллер. Я в школе учу русский язык и очень интересуюсь Россией. В июле я заканчиваю школу и хотела бы после этого поработать няней в российской семье.
Я очень люблю детей. У меня есть опыт работы с маленькими детьми, потому что я проходила практику в детском саду.
Мой родной язык – немецкий. Я хорошо говорю по-английски и по-русски. У меня есть водительские права. Я умею готовить и я очень ответственный, порядочный и аккуратный человек.
Я могла бы начать работать с августа этого года.

С уважением
Лаура Мюллер

Уважаемые господа!

Я, Надин Хельд, обращаюсь к Вам с просьбой помочь мне устроиться на работу в качестве няни в русской семье.
Мне 17 лет. Через 4 месяца я окончу гимназию. Вот уже 5 лет я изучаю русский язык в школе. Я хотела бы закрепить и проверить свои знания языка на практике, а также познакомиться поближе с русской культурой. После окончания гимназии я хочу поступить в университет на факультет русистики. Поэтому я считаю, что опыт работы за границей послужит мне хорошей подготовкой к учёбе в университете и поможет мне улучшить мою речь.
В свободное время я подрабатываю няней в семье моих соседей, поэтому опыт работы с детьми у меня есть. Я люблю готовить, свободно говорю по-русски и по-английски и вожу машину. Поэтому я могу самостоятельно заботиться о детях, когда родители на работе.
В России я хотела бы провести один год и обязательно увидеть русскую зиму. Работать я хотела бы 4 дня в неделю, чтобы иметь возможность по выходным дням осматривать окресности города.
Буду очень рада, если Вы рассмотрите моё заявление.

С уважением
Надин Хельд

а) **Кого вы пригласили бы на собеседование: Лауру или Надин? Обоснуйте ваш выбор.**

б) **Напишите своё письмо в Au-pair агентство в Москве с просьбой помочь вам устроиться на работу в российской семье. Опишите свои желания и умения. Расскажите, какой у вас опыт работы с детьми и когда вы хотели бы преступить к работе.**

в) **Напишите краткое резюме.**

Пользуйтесь следующей схемой:

Личные данные

Дата рождения:
Возраст:
Место рождения:
Адрес:
Телефон:
E-mail:

Образование

Название учебных заведений (школ).

Опыт работы

Опишите Ваш опыт по уходу за детьми.

Знание языков

Перечислите те языки, которыми Вы владеете, включая родной язык.
Опишите Ваш уровень знаний по каждому из них.

Увлечения и интересы

Укажите только те увлечения и интересы, которыми Вы регулярно занимаетесь.

Дополнительные сведения

Водительские права категории «В»

Работа над языком

1 **Распорядок дня Татьяны.**

а) **Опишите, как выглядит день Татьяны.**

Образец	В шесть часов Татьяна встаёт.
6^{00}	Татьяна встаёт.
6^{30}	Татьяна будит детей.
7^{00}	Вся семья завтракает.
7^{45}	Татьяна отводит Якоба в детский садик.
9^{00}–10^{00}	Она пылесосит детские комнаты.
11^{00}–12^{00}	Она готовит обед.
13^{00}–14^{00}	Она помогает Кларе с уроками.

б) **Дополните описание дня Татьяны на основе текста.**

2 **Выберите глагол нужного вида и употребите его в правильной грамматической форме.**

- Каждый год Татьяна (приехать/приезжать) в Германию.
- Татьяна (поужинать/ужинать) всегда вместе с детьми.
- Один раз Татьяну (пригласить/приглашать) на концерт.
- За один год Татьяна (посетить/посещать) много городов.
- В свободное время Татьяна (отдохнуть/отдыхать).

В Москву по любви

Москва, 8 Марта, Международный женский день. Немецкий ученик Оливер приехал в Москву, чтобы встретиться с девушкой Катей. Они год назад познакомились в Интернете, но ещё не виделись.

Оливер – ученик 13-го класса из Брауншвайга. Он уже 6 лет изучает русский язык в школе. В Москве он в первый раз. Остановился он в гостинице «Измайлово». Остановиться в квартире у Кати он не может, так как она живёт с мамой в однокомнатной квартире, недалеко от Ленинского Проспекта.

Оливер очень волнуется, ведь он ещё никогда не видел Катю. По фотографии, которую она послала ему по имейлу, она ему очень нравится, но вдруг он не понравится ей?

Катя пригласила Оливера отметить с ней 8 Марта. Оливер знает, что 8 Марта в России большой праздник. Он решил купить Кате огромный букет жёлтых тюльпанов. Катя по телефону посоветовала ему приехать на такси, потому что от станции метро до дома идти далеко, и вообще легко можно заблудиться. В микрорайоне «Юго-Западная» все дома одинаковые: многоэтажные здания с несколькими корпусами и подъездами.

16 часов. Такси подъезжает к дому, где живёт Катя: ул. Волгина, дом 16, корпус 3, подъезд 2. «Почему меня пригласили на ужин уже к четырём часам?» – удивляется он. Около входа в подъезд дома Оливер видит домофон. Он набирает названный Катей цифровой код и нажимает кнопку, дверь открывается. Оливер заходит в лифт. Там он немножко теряется. Он забыл спросить, на каком этаже живёт Катя, а в лифте только кнопки с номерами этажей. Он помнит, что Катя живёт в квартире номер 48, поэтому нажимает кнопку с цифрой 4, но когда он выходит из лифта, он видит, что там находятся квартиры № 35, 36 и 37. «Движение – это жизнь» – думает он, и поднимается на следующий этаж пешком.

Наконец-то Оливер стоит перед Катиной дверью. От волнения его сердце начинает очень быстро биться. А вдруг это не их квартира? На дверях нет никаких табличек с фамилиями жильцов. Он звонит в дверь, и к его облегчению дверь ему открывает Катя. «Классная девушка» – думает он и протягивает ей руку. «Нет, нет! Только не через порог!» – говорит Катя. «Проходи и раздевайся!»

Оливер дарит Кате цветы. «Ой, жёлтые тюльпаны! Какой красивый букет!» – говорит она. «Большое тебе спасибо!» Но почему-то Оливеру кажется, что цветы ей не очень нравятся. «А где твоя мама?» – спрашивает Оливер. «А, мама! Папа её пригласил в ресторан. По-моему, я тебе говорила, что они разведены. Но всё равно – такие дни они по привычке отмечают вместе.»

Вдруг раздаётся звонок в дверь. Катя прямо засияла. «О, это наверняка мой друг Андрей.» «У тебя есть друг?!» «Да, конечно, разве я тебе не говорила об этом?» «Думаю, что нет. А где у вас туалет?» «Там рядом с кухней. Первая дверь слева.» Оливер разочарован. «Зачем я приехал? Если бы я знал...» Он открывает вторую дверь слева, но там туалета нет, только ванна. В коридоре он слышит голос Кати: «Приветик, сладкий!»

Когда Оливер возвращается в гостиную, Катя подходит к нему и говорит: «Оливер, это мой друг Андрей. Познакомьтесь!»

Андрей подаёт ему руку и спрашивает: «Ну, как тебе Москва?» Оливер совсем не в духе. Он одним словом отвечает: «Хорошо». «Ребята, у меня есть идея! Пойдём в *Голодную Утку*!» – предлагает Андрей. «Что это такое?» – спрашивает Оливер. «Это самый популярный молодёжный клуб в Москве, прямо в центре» – объясняет Андрей. «Ладно, поехали! Только мне сначала надо позвонить домой в Германию.» «Пожалуйста, вот телефон» – говорит Катя.

Оливер знает, что код Германии 1049. Он набирает номер и слышит женский голос: «Неправильно набран номер!» Он ничего не понимает. «Что это такое? Я же правильно набрал номер». «Набери 8, жди длинного гудка, а потом код Германии и ваш номер!» говорит Катя.

После телефонного разговора Катя, Андрей и Оливер идут пешком до станции метро Калужская.

По дороге Оливер спрашивает: «А почему мы едем на метро, а не на машине?» «Во-первых, у нас своей машины нет. Можно, конечно, поймать частника, но это нам не по карману. А во-вторых, тебе наверно интересно будет увидеть наше метро.»

Оливер уже ездил на метро в Берлине, но это было не то! В Москве почти каждая станция метро – это прямо дворец! Везде мрамор и удивительная чистота!

Андрей покупает Оливеру в кассе билет на 10 поездок. На эскалаторе Оливер сначала стоит рядом с Катей, но Катя предупреждает: «Здесь нельзя стоять! Как у нас говорят: Стойте справа, проходите слева!»

Через полчаса они выходят на станции Кузнецкий мост. «Клуб здесь за углом!» – говорит Андрей. Перед клубом большая очередь. Катя видит, что Оливер очень удивлён. «Тут вход платный – для парней 350 рублей, а для девушек 100 рублей.» Они становятся в очередь в кассу.

Оливеру скучно. Он стоит в очереди уже 10 минут. Наконец-то они у окошка кассы. Оливер вынимает деньги и хочет платить за себя. «Не надо!» – говорит Андрей. «У нас обычно приглашают гостей.»

В клубе масса народу, жарко. Андрей видит своего приятеля Мишу в другом углу зала и говорит: «Извините, я на секунду. Я сейчас!»

«Пойдём в бар и выпьем что-нибудь!» – предлагает Катя. Оливер заказывает себе бутылочку пива «Балтика», а Кате сок. «Сколько стоит пиво?» – спрашивает он официанта. «150 рублей!» «А мой сок?» – спрашивает Катя. «У меня с собой денег нет. А потом у нас принято, чтобы парень приглашал девушку.» «Извини!» Оливер краснеет. Ему ужасно стыдно, но дома его подружки чаще всего сами платили за себя.

Вдруг к Кате подходит симпатичная девушка. «Катя?! Ты как здесь?» «Привет Маша! У меня гость из Германии – Оливер. Оливер, это моя подружка Маша.» Маша, высокая блондинка с потрясающими глазами с интересом смотрит на Оливера.

«Очень приятно!» – говорит Маша. Оливер уже не может отвести от неё глаз. «Неужели любовь с первого взгляда существует?» – думает он.

«Пойдём потанцуем!» «С удовольствием!» – отвечает Маша. Оливер на седьмом небе. «Может быть, всё-таки хорошо, что я приехал в Москву?» – думает он.

48 быть не в духе (*разг.*) schlecht gelaunt sein
63 поймать частника (*разг.*) per Anhalter fahren
88 потрясающий (*разг.*) fantastisch

Работа над текстом

П **1** **Напишите резюме текста.**

Р Для написания резюме пользуйтесь речевыми оборотами на стр. 142.

2 **Разделите текст на части и найдите к каждой части заглавие.**

3 **Ответьте на вопросы.**

1. Когда и как Оливер познакомился с Катей?
2. Почему Оливер остановился в гостинице, а не в квартире у Кати?
3. Как Оливер чувствовал себя, когда он познакомился с Андреем? Объясните, почему.
4. Что случилось на дискотеке *Голодная Утка*?

4 **Придумайте и напишите текст.**

Группа 1: Придумайте и напишите от лица Оливера текст имейла, в котором он сообщает своему другу, как он провёл 8 Марта в Москве.

Группа 2: Придумайте и напишите от лица Маши текст дневниковой записи, в которой она описывает, как она провела 8 Марта.

Группа 3: Придумайте и напишите текст для СМС, в котором Катя рассказывает своей подруге о том, как прошло её знакомство с Оливером.

Группа 4: Оливер по уши влюбился в Машу, а Маша? Придумайте и напишите продолжение рассказа.

5 **Почему меня пригласили на ужин уже к четырём часам?**
Приехав в Москву, Оливер многому удивляется, потому что он недостаточно знает русскую жизнь и русские обычаи. Найдите в тексте другие примеры ситуаций, которые вызывают удивление Оливера. Обсудите их друг с другом, со своими одноклассниками-носителями русского языка, а также со своим учителем. Выясните в чём заключаются различия в жизни и в поведении людей в России и в Германии.
Какие черты русской культуры и формы поведения русских вам (не) нравятся?

6 **Подготовьте доклад о том, как русские отмечают праздник 8 Марта. Пользуйтесь Интернетом.**

7 **Оливер рассказывает своим одноклассникам в Брауншвайге о московском метро. Представьте себе, что вы на месте Оливера и подготовьте презентацию о московском метро. Пользуйтесь Интернетом.**

Работа над языком

1 **Выберите подходящие по смыслу глаголы движения и употребите их в правильной форме.**

1. Оливер (подъехать, приехать, проехать) в Москву, чтобы встретиться с девушкой Катей.
2. Катя по телефону посоветовала ему (приехать, заехать, уехать) на такси.
3. Такси (выезжать, переезжать, подъезжать) к дому, где живёт Катя.
4. Когда Оливер (выходить, проходить, уходить) из лифта, он видит, что там находятся квартиры № 35, 36 и 37.
5. Катя (переходить, подходить, сходить) к нему и говорит: «Оливер, это мой друг Андрей. Познакомьтесь!»
6. «Стойте справа, (переходить, приходить, проходить) слева!»
7. «(Выйти, пойти, уйти) в бар и выпьем что-нибудь!»
8. Оливер уже не может (привести, отвести, увести) от неё глаз.

2 **Маша приглашает Оливера к себе домой.**
Употребите глаголы в форме повелительного наклонения.

Маша: Привет, Оливер! Что ты стоишь в коридоре? (Проходить), (снимать) обувь и (надевать) тапочки!

Оливер: Привет, Маша! Вот тебе цветы!

Маша: Какой ты молодец! (Положить) их на стол и (садиться)! (Подождать) секундочку, я пойду за вазой!

Оливер: Где можно руки помыть?

Маша: (Идти) налево, там ванная. А потом (рассказать), как у тебя дела!

Дети до 16

Ребёнок у ребёнка, и оба – детдомовские. Теперь у этой драмы появилось решение – при московском детском доме № 19 открылось отделение «Маленькая мама».

В самом центре Москвы [...] стоит шестиэтажный дом, из которого каждое утро выходит девочка с коляской. Можно подумать, что она катает куклу или своего младшего братишку. Но на самом деле – в коляске у пятнадцатилетней Кати её сын Алёша, которому год и семь месяцев. В 14-летнем возрасте родители сдали Катю в детский дом. Беременной. От девочки, попавшей в беду, просто избавились.

Когда я спрашиваю Катю о родителях, она машет рукой [...]. А об отце ребёнка говорит, что он погиб в автокатастрофе – так ей легче выдержать то, что произошло с ней на самом деле.

В органах опеки её уговаривали сделать аборт – стандартная схема «решения ситуации» для воспитанниц детского дома. Другой вариант – молодую маму уговаривают написать «отказ» от ребёнка. Катя не согласилась ни на то, ни на другое.

Ненужное дитя в своей семье, она горячо привязана к своему сыну. Ребёнка у неё сразу после родов отняли – несовершеннолетняя, а значит, прав на ребёнка у неё нет. Малыш родился недоношенным и не очень здоровым. Его поместили в тот же детский дом, что и Катю, но не позволяли видеться.

Перевод Кати с сыном в «Маленькую маму» – отделение при московском детском доме № 19 – стал решением ситуации. Здесь не нужно договариваться о «свиданиях» с сыном. Здесь понимающие люди. Здесь своя комната, а колыбель малыша – напротив Катиной кровати. – Про отца Катиного ребёнка известно, что он гастарбайтер, приезжий из южных стран. Девочку из нормальной семьи, за которой кто-то стоит, он не рискнул бы тронуть [...]. Конечно, для Кати всё произошедшее было серьёзной психологической травмой, – говорит Наталья Подушкина, старший воспитатель «Маленькой мамы». – Как правило, именно дети из неблагополучных семей рано вступают во взрослую жизнь: когда ребёнок недополучает ласки в родном доме, то начинает искать эту ласку на стороне. Конечно, она была ещё ни морально, ни физически не готова к материнству. Ей бы самой ещё в куклы играть.

Сейчас у Кати две соседки с малышами. И по словам Марии Терновской, директора детдома, есть ещё три запроса на место в «Маленькой маме». Да только нет места в небольшой квартире, где вместе с молодыми мамами живёт и Наталья Подушкина со своим сыном – она и присматривает за девочками, и помогает им, и учит родительской науке. Потому что не все такие серьёзные, как Катя, которая каждое утро возит ребёнка на массаж в детскую поликлинику, а

12 **орган опеки** Vormundschaftsbehörde
35 **неблагополучная семья** Problemfamilie

по вечерам ходит в вечернюю школу. Чаще девчонки оставляют детей на Наталью Подушкину и убегают с подружками в кино или ночной клуб. Предел мечтаний для многих – работа танцовщицы. Дети не виноваты в легкомыслии своих мам. И если есть шанс сохранить союз молодой мамы и её ребёнка, им надо воспользоваться [...].

Для Кати «Маленькая мама» стала спасением. Воспитатели надеются, что с их помощью она сможет поднять сына на ноги. Действительно, за месяц, проведённый в отделении «Маленькая мама» мальчик заметно окреп и уже почти умеет стоять на ножках. Мечта Кати – стать массажистом, чтобы помогать своему малышу и другим детям. После 9-го класса вечерней школы она собирается поступать в медицинский колледж.

По материалам журнала «Огонёк», № 44, 2008

Работа над текстом

1 **Правильно или неправильно?**

- Катя забеременела, когда ей было 15 лет.
- Отец Катиного ребёнка погиб в автокатастрофе.
- Катя не хотела избавиться от ребёнка.
- В детдоме Катя с ребёнком спят в одной комнате.
- Катя часто оставляет ребёнка и убегает в кино.
- Мечта Кати – работа танцовщицы.

2 **Ответьте на вопросы.**

1. Что вы узнали о семейной обстановке Кати?
2. Что такое – отделение «Маленькая мама»? Объясните.
3. Почему отец Катиного ребёнка не заботится о нём?

П **3** **Органы опеки уговаривали Катю сделать аборт или написать «отказ» от ребёнка. Как вы относитесь к таким предложениям?**

Р Для выражения вашего мнения пользуйтесь речевыми оборотами на стр. 150.

П **4** **Катя хочет, чтобы её с сыном приняли в отделение «Маленькая мама».**

Организуйте круглый стол и распределите роли директора детдома, воспитателей и Кати.
Обсудите Катины причины для приёма в отделение и примите решение.

Директор детдома: Он открывает дискуссию и указывает на то, что в отделении мало свободных мест. Поэтому он просит проверки оснований для приёма Кати.

Воспитатель А: Считает, что Катя слишком молода и не может заботиться о ребёнке.

Воспитатель Б: Считает, что Катя уже очень ответственная и поэтому справится с ситуацией.

Воспитатель В: Сама является матерью 16-летней мамы и жалеет Катю. Она очень старается уговорить коллег, чтобы они приняли Катю.

Катя: Излагает некоторые причины для того, чтобы её приняли, например, что мама должна быть вместе со своим ребёнком.

Р Для дискуссии пользуйтесь речевыми оборотами на стр. 149.

П 5 **Найдите аргументы за или против раннего материнства с точки зрения**

- молодой матери
- молодого отца
- родителей молодых матери и отца
- брата или сестры молодой мамы

Как вы считаете, для кого раннее материнство – шанс, а для кого – риск?

Р Для выражения своего мнения пользуйтесь речевыми оборотами на стр. 150.

П 6 **Проанализируйте статистику рождаемости в Германии.**

В каком возрасте рожает большинство женщин?
Какова рождаемость среди девочек-подростков?
Отличается ли уровень рождаемости в старых и новых федеральных землях?

Используя информацию из Интернета или других источников СМИ, найдите статистики рождаемости в России и сравните положение матерей в России и в Германии.

Р Для анализа статистики пользуйтесь речевыми оборотами на стр. 158.

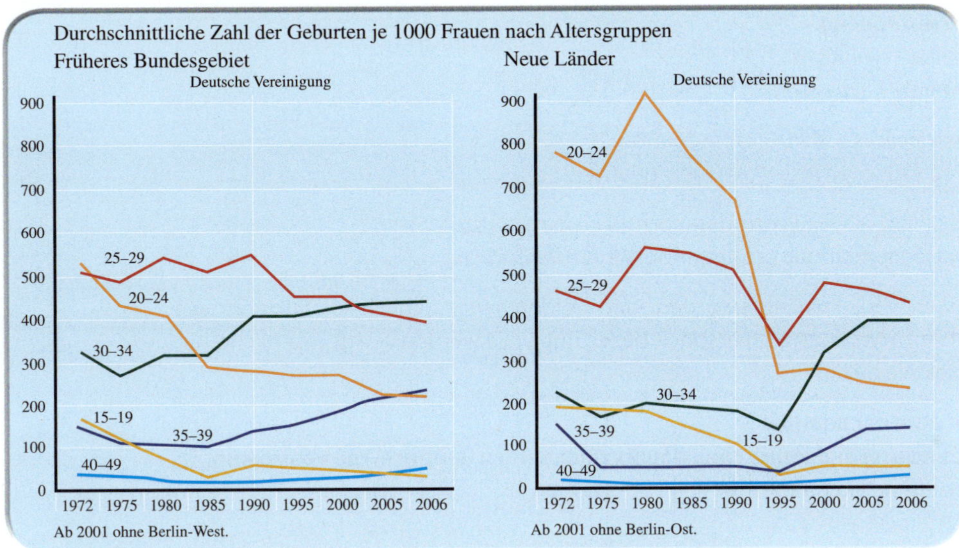

7 **У вас в гостях Лена из Москвы, которая приехала в Германию по школьному обмену. По телевизору идёт передача о куклах Baby Born. Ваша мама старается объяснить ей, что это такое, но ваша русская подруга ещё плохо понимает по-немецки, а ваша мама не знает русского языка.**
Помогите им.

Лена: Я не понимаю, что такое – Babysimulator. По-моему, у нас такого нет.

Ваша мама: Ein Babysimulator ist eine Puppe, die schreien kann wie ein richtiges Baby. Sie muss gefüttert und gewickelt (пеленать) werden.

Лена: У нас только дети играют с куклами, а не 14-летние девушки.

Ваша мама: Aber das ist kein Spielzeug. Ein Babysimulator soll jungen Mädchen zeigen, wie es ist, ein Kind zu haben.

Лена: Зачем? Они это поймут, когда они сами станут матерями.

Ваша мама: Ja, aber wenn sie sehen, was es heißt, eine Mutter zu sein, werden sie vielleicht verstehen, dass es besser ist, erst später ein Kind zu bekommen und nicht schon mit 14.

Лена: Ах, вот как!

Работа над языком

1 **Преобразуйте предложения, заменяя причастия относительным местоимением *который, -ая, -ые*.**

- От девочки, попавшей в беду, просто избавились.
- Здесь работают понимающие люди.
- Он гастарбайтер, приехавший из одной из южных стран.
- Для Кати, произошедшие с ней события, были травмой.
- За месяц, проведённый в отделении «Маленькая мама», мальчик заметно окреп.

2 **Преобразуйте предложения, заменяя действительный залог страдательным залогом.**

- Родители сдали Катю в детский дом.
- Ребёнка поместили в детский дом.
- Молодую маму уговорили сделать аборт.
- Катю с сыном перевели в «Маленькую маму».

3 **Это интересно.**

Алёша – *сын Кати*.
Алёша – *Катин сын*.

Отец *ребёнка Кати* – гастарбайтер.
Отец *Катиного ребёнка* – гастарбайтер.

Колыбель малыша стоит напротив *кровати Кати*.
Колыбель малыша стоит напротив *Катиной кровати*.

Possessivadjektive auf *-ин*, *-ина*, *-ино* werden hauptsächlich von Substantiven auf *-а*, *-я* gebildet, die Personen bezeichnen. Sie werden wie gewöhnliche Adjektive dekliniert.

4 **Русские пословицы**
Объясните значение следующих пословиц и найдите, где возможно, немецкие эквиваленты.

У кого детки, у того и бедки.

Малые дети не дают спать, большие не дают дышать.

Деток родить – не веток ломить.

Умел дитя родить, умей и научить.

Нет такого дружка, как родная матушка.

Всегда в форме

Генералов в армии сокращают, а вот младших офицеров станет больше. Корреспондент *Огонька* провёл выходной день там, где готовят офицерскую смену – в знаменитом Тверском суворовском училище.

Воскресенье — родительский день. 10 мам топчутся перед воротами. И вот ровно в 11 двери распахнулись. Пробежка. [...]

Любовь Викторовна Разова приехала к сыну Ивану — он уже на третьем курсе. Рассказывает: «Ваня сам решил поступать в Суворовское. Когда приехал первый раз домой на каникулы, я его не узнала. Он сам замечает, что сильно изменился, что дома со сверстниками ему общаться уже неинтересно. Поэтому летом первый месяц он проводит вместе с суворовцами в полевом лагере, а потом мы уезжаем в Крым, ходим там по горам... За лето накопит разных историй, а потом товарищам по взводу вечерами рассказывает ...»

А к Васе Млынчику и Роме Адольфу приехала их бабушка – родителей у мальчишек нет. Пока парни жуют сосиски с кетчупом из пластиковых тарелочек, она говорит: «Конечно, было жалко их отдавать сюда. А как спасти от улицы? Тут их держат в строгости, не дают распуститься. Но ребята уже на втором и третьем курсах и пока домой не просятся».

Старинная мудрость, что солдата надо прежде всего накормить, верна и сегодня. Чья-то мама привезла высокую стопку квадратных коробок с пиццой на весь взвод.[...]

Но воскресенье – время не только родителей, но и личной жизни. Стайками к площадке подтягиваются девушки. Юля пришла в первый раз – вдруг получится с кем-то познакомиться. У её подружек уже есть по кавалеру в чёрной шинели. Дружить с суворовцами в Твери модно. Но хлопотно — свиданий надо дожидаться неделю. [...]

Младшие курсы и на выходные остаются в училище — начальство просто боится выпускать 13-летних ребят в незнакомый город.

Кирилл Бобрышев из Сыктывкара очень скучает по маме, но не жалеет, профессию выбрал сам, очень уж захотелось носить мундир и владеть оружием.[...]

Тем, кому повезло поступить, приходится с первого курса заправлять кровать без единой морщинки, выполнять команды и пришивать воротнички к форме. [...]

15 взвод (*воен.*) Zug
31 шинель Uniformmantel

«Конечно», – говорит офицер-воспитатель майор Ткаченко Владимир Григорьевич, — «суворовцам в чём-то приходится сломить себя. Здесь у нас не поваляешься в постели и не сбежишь с уроков. За любой проступок следует отвечать: скажем, ругнулся – почитай классику. Есть у нас и танцы, и даже кадетские балы проводятся.»

«Совсем недавно», рассказывает Владимир Григорьевич, «вышел приказ министра обороны вдвое сократить офицерский состав. Но армии нужна «молодая кровь», количество младших офицеров будет увеличено. А значит, больше внимания нужно уделить военному образованию.» Суворовцы постепенно будут «молодеть», так что скоро [...] будут набирать только 4-классников. Уже этой осенью в Тверское суворовское училище набирали выпускников 6-го класса.

«Нарастить мышцу» — один из главных факторов успеха. Так что в вечерние часы досуга кто-то идёт в читальный зал библиотеки, кто-то садится за шахматный стол, а большинство тянется в тренажёрный зал.[...] На стенах — плакаты со Шварценеггером в пору его киношной молодости. Он — вместе с командиром, мамами и подругами — тоже укрепляет боевой суворовский дух.

По материалам журнала «Огонёк», № 43, 2008

Работа над текстом

1 **Ответьте на вопросы.**

1. Что такое – Тверское суворовское училище? Объясните.
2. Почему училище пользуется таким большим успехом у ребят?
3. Что думают родители и молодые девушки о суворовцах?
4. Чем суворовцы занимаются в свободное время?
5. Почему суворовцы постепенно будут *молодеть*?

2 **Сравните службу в армии в России и в Германии. Пользуйтесь Интернетом.**

Обратите особое внимание на
- срок службы
- обязанности солдата
- профессиональную подготовку
- социальный статус солдат
- возможность выбора между армией и альтернативной службой

3 **Представьте себе, что ваш друг хочет стать офицером. Приведите аргументы за или против такого шага.**
Придумайте диалог с другом и сыграйте его.

Ваш друг: Я решил стать офицером.
Вы: Ты это хорошо обдумал? Быть офицером, это ...

П **4** **Как вы относитесь к службе в армии? Взвесьте все плюсы и минусы.**

Учтите следующие аспекты:

- патриотизм, защита родины
- военные конфликты, опасность
- карьера во время службы и после неё
- расставание с семьёй
- престиж солдат

Р Для выражения вашего мнения пользуйтесь речевыми оборотами на стр. 150.

Работа над языком

1 **Найдите подходящие существительные к прилагательным из текста.**

родительский | квадратный | вечерний

полевой | военный | киношный

пластиковый | офицерский | боевой

2 **В армии готовят разных специалистов. Найдите подходящие названия профессии к подчёркнутым глаголам.**

Он водит машину.
Он летает в самолёте.
Он переводит с немецкого на русский.
Он воспитывает молодых солдат.
Он тренирует солдат.
Он охраняет казарму.

3 **Воспитанников Суворовского училища называют *суворовцы*. А где учатся или работают люди, которые перечислены в левой колонке?**

динамовцы	Государственный академический театр имени Е. Вахтангова
вузовцы	Военно-медицинская академия имени С. М. Кирова
вахтанговцы	Московский Художественный академический театр имени А. П. Чехова
кировцы	Отдел по регулированию уличного движения
мхатовцы	Высшее учебное заведение
орудовцы	Футбольный клуб *Динамо*

«Хочешь?»

Пожалуйста, не умирай,
Или мне придётся тоже.
Ты, конечно, сразу в рай,
А я не думаю, что тоже...

Хочешь сладких апельсинов?
Хочешь вслух рассказов длинных?
Хочешь, я взорву все звёзды
Что мешают спать?

Пожалуйста, только живи,
Ты же видишь — я живу тобою,
Моей огромной любви
Хватит нам двоим с головою.

Хочешь в море с парусами?
Хочешь музык новых самых?
Хочешь, я убью соседей,
Что мешают спать?

Хочешь солнце вместо лампы?
Хочешь за окошком Альпы?
Хочешь, я отдам все песни,
Про тебя отдам все песни?

Земфира

«Я тебя люблю»

В лунном свете огней,
В ярком пламени звёзд,
В ритме танца дождей
Ты спросил: «Где любовь?»
Ты мне задал вопрос,
Ну что я знаю о ней?
Знаю только лишь то,
Что на свете она всё-таки есть.
Жаль, что только тебе она не нужна.
Ты можешь в моих глазах прочесть:
Я тебя люблю, я тебя люблю...

И когда за окном тихо падает снег,
И песню метель поёт,
И минуты разделят дольками век,
Увы, никто не придёт.
В лунном свете огней,
В ярком пламени звёзд,
В ритме танца дождей
Ты спросил: «Где любовь?»
Ты мне задал вопрос,
Ну что я знаю о ней?
Я тебя люблю, я тебя люблю...

Катя Чехова

Работа над текстами

П 1 **Послушайте песню Земфиры *Хочешь?* и ответьте на вопросы.**

1. Кто поёт эту песню?
2. Кому поётся эта песня?
3. Какие обещания певицы являются нереальными?
4. Охарактеризуйте певицу и проанализируйте её отношение к человеку, к которому она обращается в песне.

Р Для выражения вашего мнения пользуйтесь речевыми оборотами на стр. 150.

2 **Представьте себе, что вы на месте певицы. Придумайте дополнительные куплеты для песни. Начинайте каждый куплет со слова «хочешь».**

3 **Подготовьте короткую презентацию о Земфире. Пользуйтесь информацией из Интернета.**

П 4 **Послушайте песню Кати Чеховой *Я тебя люблю* и сравните её с песней Земфиры. Что эти песни имеют общего? Какая песня вам больше нравится? Обоснуйте ваше мнение.**

Р Для выражения вашего мнения пользуйтесь речевыми оборотами на стр. 150.

5 **Сделайте афишу для концерта Кати Чеховой в Германии.**

6 **Используя данную в афише информацию, составьте и разыграйте диалог. Пригласите русского друга (русскую подругу) по телефону, который(-ая) приехал(а) в Германию, на концерт и ответьте на его (её) вопросы:**

– Когда и где состоится концерт?
– Как вам нравится Катя Чехова?
– Что вы знаете о ней?

Придумайте дополнительные вопросы.

Работа над языком

1 **В песнях Земфиры и Кати Чеховой есть метафоры, например: «песню метель поёт». Найдите в этих песнях другие метафоры.**

Объясните их значение в данном контексте.

2 **Объясните значение следующих пословиц и поговорок и найдите, где возможно, немецкие эквиваленты.**

Любовь начинается с глаз.

Старая любовь долго помнится.

Любовь кольцо, а у кольца нет конца.

Сердцу не прикажешь.

Любовь зла, полюбишь и козла.

Любовь слепа.

Искусство – это жизнь!

1 **Назовите русских художников, писателей, музыкантов и других деятелей искусства, которых вы знаете.**

2 **Все знают классические виды искусства: изобразительное искусство, литература, музыка, архитектура и прикладное искусство. Распределите слова по колонкам.**
скульптура, графика, фотография, рассказ, монумент, компьютерная графика, резьба по дереву, каллиграфия, дизайн, симфония, памятник, татуировка, фреска, пейзаж, вышивка, керамика, драма, мюзикл

изобразительное искусство	литература	музыка	архитектура	декоративно-прикладное искусство

П 3 **Искусство в моей жизни**

а) **Ответьте на вопросы.**
1) Какую музыку вы слушаете?
2) Как вы относитесь к классической музыке?
3) Ходите ли вы на выставки?
4) Вы часто ходите в театр?
5) Какие фильмы вы любите смотреть?
6) Какие книги вы любите читать?

б) **Подготовьте доклад о вашем любимом фильме, о вашей любимой книге, музыкальной группе …**

Р Для презентации пользуйтесь речевыми оборотами на стр. 147.

4 Какую роль искусства вы считаете самой главной?
- коммуникация
- развлечение
- социальный протест
- пропаганда и коммерциализация
- психотерапия

5 Посмотрите на фотографии и скажите, какие виды искусства на них представлены?

а) **Выберите одну из фотографий и опишите её.**

б) **Придумайте к нескольким фотографиям по-вашему выбору юмористический заголовок, начиная со слов:**
Искусство – это…

в) **Какие виды искусства вы могли бы назвать ещё?**

6 Как вы думаете, чем отличается
- фотография от картины,
- современный вид танца от классического балета,
- граффити от живописи,
- бардовская песня от поп-музыки?

7 Что пытается донести до нас автор этого анекдота?

На выставке

Критик внимательно разглядывает картину молодого художника и с восхищением говорит:
– Ах, что это?!! Какая прекрасная вещь.
Художник:
– Да? А ведь это как раз то место, о которое я вытираю краску со своих кистей.

Дочь Бухары

После пятиминутной беседы [с врачом] Дмитрию стало ясно, что ребёнок безнадёжен, что никакая медицина никогда не сможет облегчить его участи. [...]

На возвратном пути неполноценная девочка безмятежно спала, красавица мать прижимала к себе свою драгоценность с такой углублённой важностью, что Дмитрий напряжённо думал, вполне ли поняла его жена весь невообразимый ужас происшедшего, и не решался её об этом спросить.

Со временем Дмитрий Иванович проштудировал американские медицинские журналы, разобрался с происхождением этого заболевания.

[...]

Жена Дмитрия словно и не замечала неполноценности девочки. Она наряжала её в цветные шёлковые платьица, повязывала нарядные бантики на жидкие жёлтые волосы и любовалась плоской бессмысленно-жизнерадостной мордочкой с маленьким раздавленным носом и всегда приоткрытым мокрым ртом.

Милочка была улыбчивой и спокойной – не плакала, не обижалась, не сердилась, никогда ей не хотелось ничего такого, что было запрещено. Книжек она не рвала, огня остерегалась, подходила к калитке садика, смотрела в щёлку, а на улицу не выходила.

Дмитрий Иванович, наблюдая за дочерью, с горечью думал о том, каким чудным ребёнком могла бы быть эта девочка, какая обаятельная личность похоронена в дефектной телесности.

Единственной неприятной особенностью Милочки была её нечистоплотность. Она очень поздно, как и бывает обычно с такими детьми, начала проситься на горшок и совершенно не могла усвоить понятия «грязный», хотя многие другие вещи, более сложные, она воспринимала. Так, «хорошее» и «плохое» она по-своему различала, и самым сильным наказанием, которое допускала её мать, были слова «Мила плохая девочка». Она закрывала лицо короткими пальчиками и плакала бурными слезами. Этому наказанию подвергалась она редко и обычно как раз за грехи «грязи»: испачканное платье, одеяло, стул.

[...]

Возвращаясь домой, он [Дмитрий] испытывал привычное ежевечернее отчаянье, и жена его, так сильно прилепившаяся к дочери, что черты Милочкиной неполноценности как бы проникали и в неё, становилась ему всё более чуждой.

Всё волшебство близости с этой прелестной и покорной восточной красавицей выветривалось куда-то, и, даже когда он изредка звал её в кабинет деда, давно им заселённый, он не мог освободиться от глубокого тёмного страха перед невидимым движением таинственных и непостижимых частиц, руководивших судьбой уже рождённого ребёнка и того, другого, который мог бы появиться на свет... Страх этот был так силён, что порой вызывал физическую тошноту и в конце концов полностью лишил Дмитрия Ивановича желания обнимать это женское совершенство.

4 неполноценный „minderwertig"
16 мордочка Schnäuzchen
17 раздавленный Stups-
20 остерегаться sich in acht nehmen
21 калитка садика Gartentür
24 обаятельный reizend
26 нечистоплотность Unsauberkeit
27 проситься на горшок bitten auf das Töpfchen zu gehen
34 испачканный schmutzig
37 прилепившийся sich an *jmdn.* hängen
40 волшебство близости Zauber der Nähe
41 выветриваться *hier:* verlorengehen
42 заселённый bewohnt
47 тошнота Übelkeit
47 лишать *кого-л.* желания *jmdm.* die Lust rauben

Операционная сестра Тамара Степановна, грузная и грубая, с умными и надёжными руками, после производственной вечеринки по случаю чьего-то дня рождения на дерматиновой кушетке в запертом приёмном покое освободила Дмитрия Ивановича от предрассудков пуританского воспитания, а красавицу Бухару – от мужа.

Крупнопористая, круто завитая и толстоногая Тамара Степановна не рассчитывала на такой успех. Но она была ломовая фронтовичка, давно и наизусть выучившая сокровенную мужскую тайну: сильнее всего укреплять наиболее слабый участок. [...]

Дмитрий Иванович сообщил жене, что уходит к другой. Она, не поднимая глаз и не выразив никакого чувства, спросила его, зачем ему уходить... Дмитрий не понял вопроса и дал разъяснение.

– Я знаю, я тебе надоела. Приведи новую жену сюда. Я согласна. Я сама родилась от младшей жены... – не поднимая глаз, сказала Бухара.

Дмитрий Иванович схватился за голову, застонал и вечером того же дня, собрав в чемодан рубашки и носки, ушёл к Тамаре Степановне...

Деньги Дмитрий Иванович переводил по почте. Милочку не навещал никогда. В три дня девочка его забыла.

Отрывок из рассказа Л. Улицкой «Дочь Бухары»

51 производственная вечеринка Afterworkparty
53 запертый приёмный покой abgeschlossene Aufnahmeabteilung
54 предрассудки Vorurteile
57 ломовая фронтовичка hartgesottene Frontkäpferin

Работа над текстом

1 **Ответьте на вопросы.**

1. Что узнал Дмитрий от врача?
2. Как отнеслась к этой проблеме Бухара?
3. Как проходило детство Милочки?
4. Как наказывала мать своего ребёнка?
5. По какой причине Дмитрий отдалился от жены?
6. Где познакомились Дмитрий и Тамара Степановна?
7. Какие последствия имело их знакомство?
8. Как отнеслась Бухара к измене мужа?
9. Каковы были отношения между отцом и дочерью?

2 **Перескажите текст, используя начало предложений.**

- Однажды у Бухары и Дмитрия Ивановича...
- Врачи сообщили родителям, что...
- Отец девочки очень переживал, что...
- Но мать девочки старалась...
- Девочку назвали...
- Девочка росла...
- Единственной неприятной особенностью Милочки была...
- Дмитрий не смог жить со своей семьёй, потому что...
- Операционная сестра Тамара Степановна сделала всё возможное для того, чтобы...

3 **Опишите Милочку (её внешность и характер).**

4 **Отец бросает семью. Прокомментируйте его решение.**

П **5** **В отчаянии Дмитрий пишет письмо своему лучшему другу. Напишите это письмо.**

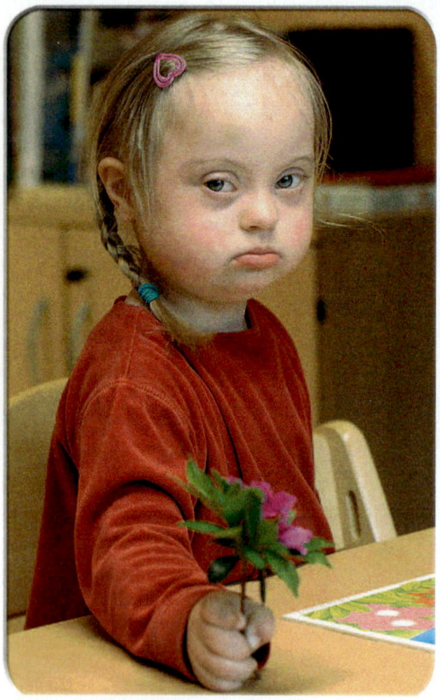

Р Для написания письма пользуйтесь речевыми оборотами на стр. 156.

6 **Организуйте круглый стол и распределите роли директора роддома, отца Милочки и Бухары.**

Директор роддома:	открывает дискуссию и указывает на то, что родители должны тщательно обдумать своё решение
Дмитрий:	считает, что ребёнок будет большой обузой, поэтому он решил отказаться от своего ребёнка
Бухара:	настаивает, чтобы ребёнок рос в семье, не задумывается о последствиях

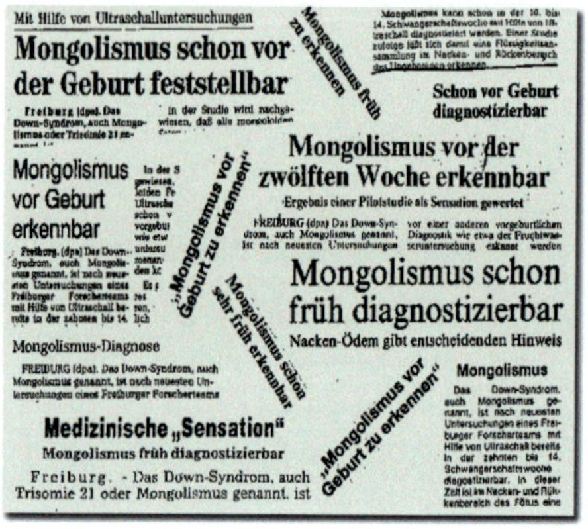

7 **Каждый год в России появляется на свет более двух тысяч детей с синдромом Дауна. Ни одна семья не застрахована от этой беды. Статистика свидетельствует: на семьсот детей – один «даунёнок».**
Найдите в Интернете информацию о синдроме Дауна и ответьте на вопросы.

1. С какого года известна эта болезнь?
2. Как звали учёного, который открыл эту болезнь?
3. Как он её открыл?
4. С какими проблемами сталкиваются родители детей-даунов?

П **8** **Найдите к каждому высказыванию аргумент за или против.**

- Ребёнку с синдромом Дауна лучше находиться в специализированных учреждениях под наблюдением специалистов.
- Дети с таким заболеванием должны быть интегрированы в общество.
- Родители даунёнка должны бросить работу и заботиться о ребёнке.

Р Для выражения своего мнения пользуйтесь речевыми оборотами на стр. 150.

9 Представьте себе следующую ситуацию. У вас дома живёт ученик по школьному обмену из России. Однажды он читает в газете заглавие, которое привлекает его внимание. Он просит вас рассказать, о чём идёт речь в этой статье. Передайте ему её главное содержание.

„Für seine Zukunft muss man kämpfen“,

... sagt der Spanier Pablo Pineda.

Er ist der erste Akademiker in Europa mit Down-Syndrom. Pablo ist 34 Jahre alt, er will Lehrer werden. Nach seinem Studium absolvierte er im März 2009 ein Praktikum in einer Schule in Spanien.

Pablo war der erste Schüler mit Down-Syndrom, der an einer öffentlichen Schule lernte. Mittlerweile besuchen ca. 85 % der spanischen Kinder mit Down-Syndrom eine reguläre Schule.

Die Schulzeit erlebte Pablo als interessante Zeit, in der er viel Spaß mit seinen Freunden hatte, aber auch als schwierige Zeit. Im Studium arbeitete er sehr hart: Er lernte sechs bis sieben Stunden am Tag, um das Pensum zu schaffen. Über seine Zeit als Student wurde ein Spielfilm gedreht, in der er selbst die Hauptrolle spielt. Der Film „Yo también“ („Ich auch“) wurde im April 2009 beim Filmfestival in Málaga aufgeführt.

Als Akademiker fühlt Pablo eine große Verantwortung für alle, die wie er mit einem Down-Syndrom geboren wurden: Er appelliert an die Gesellschaft, diese Kinder nicht zu isolieren, sie am Leben teilhaben zu lassen. Er rät den Eltern, ihre Kinder unbedingt zur Selbstständigkeit zu erziehen.

Работа над языком

1 **Найдите антонимы к подчёркнутым словам.**

1. неполноценная девочка
2. с горечью думать о чём-то
3. Милочка была улыбчивой и спокойной
4. жена становилась ему всё более чуждой
5. он изредка звал её в кабинет деда
6. страх Дмитрия был силён
7. грузная и грубая операционная сестра
8. мужская тайна
9. слабый участок
10. не понимать вопроса
11. девочка его забыла

2 **Составьте словосочетания, поставив слова из скобок в нужную грамматическую форму.**

- заботиться о (больной, больная, больные, дочь, ребёнок, дети, жена, муж)
- отказаться от (забота, ребёнок, опека, деньги)
- наблюдать за (развитие – дети, течение – болезнь, поведение – ребёнок)
- ругать за (нечистоплотность, плохое поведение, плохая оценка)
- интегрировать детей-даунов в (школа, общество, коллектив)
- освободиться от (предрассудки, страх, обязанность, тяжесть)

3 **Найдите русские соответствия к следующим выражениям и составьте с ними предложения.**

- облегчить чью-то участь
- понять весь ужас происшедшего
- личность похоронена в телесной дефектности
- усваивать понятия
- подвергать наказанию
- плакать бурными слезами
- испытывать отчаяние
- освободить от предрассудков
- рассчитывать на успех
- выражать чувства

Про маленького Бегемотика

Жил-был маленький Бегемотик. Он был очень весёлый и добрый. Но никто не хотел с ним дружить. Никто не хотел с ним бегать и прыгать, смеяться и болтать. Потому что он был жёлтым, да-да, жёлтым с синими кружочками на спине.

Однажды пришёл он к другим маленьким бегемотикам и сказал:

– Давайте играть вместе...

А они ему закричали:

– Уходи отсюда, уходи!

– Я хочу поиграть с вами!...

– Мы с такими, как ты, не играем!

– Я – Бегемотик!

– Бегемотики – серые! А ты жёлтый, и к тому же у тебя на спине синие кружочки! Уходи, уходи к жирафам!... – и они прогнали его.

Бегемотик пошёл к жирафам. Он шёл и думал: «Как же так? Почему они меня прогнали? Ведь я такой же, как они!»

Не успел он подойти к жирафам, как услышал крик:

– Смотрите, смотрите, кто там идёт!

«Давайте играть вместе...» – начал Бегемотик.

– Вместе?! С тобой вместе?! Мы с такими не играем!

– Но почему?!

– Потому что ты – неизвестно кто!

– Я – Бегемотик!

–Бегемотиков мы знаем – они серые! Убирайся, убирайся к антилопам!

Бегемотик пошёл к антилопам. Антилопы увидели его, стали топать копытами, кричать:

–Не подходи к нам, противное жёлтое животное!

– Я – Бегемотик!

–Бегемотиков мы знаем, они совсем другие! Уходи, убирайся к зебрам!

Бегемотик пошёл к зебрам. А зебры, когда его увидели, так испугались, что даже и разговаривать не стали – убежали. Убежали, все до одной.

Бегемотик остановился, сел на травку и стал горько-горько плакать.

Вдруг кто-то тронул его и сказал:

– Я буду с тобой играть.

Бегемотик поднял голову.

«А ты кто?» – спросил он.

– Слонёнок.

Бегемотик внимательно посмотрел на Слонёнка и засмеялся.

«Слонята зелёными не бывают! Да ещё с красными полосками на спине!» – сказал он.

– А Бегемотики не бывают жёлтыми с синими кружочками!...

И они стали смеяться и веселиться, прыгать и кувыркаться, бегать и скакать. А потом, когда надо было идти домой, Бегемотик сказал:

– Как хорошо, что я с тобой встретился.

«Да, без тебя мне было так плохо...» – ответил Слонёнок.

Они разошлись по домам. Но на следующий день снова встретились, а потом опять были вместе, и опять, и опять... И больше уже никогда не расставались – веселились, играли, гуляли всегда вместе.

И никто никогда больше не видел их слёз.

Илья Члаки

Работа над текстом

1 **Ответьте на вопросы.**

1. Как выглядит Бегемотик?
2. С какими животными он пытается подружиться?
3. Как они относятся к нему?
4. Как выглядит Слонёнок?
5. Чем Бегемотик и Слонёнок вместе занимаются?
6. Почему они не могут найти друзей?

2 **Объясните смысл последнего предложния текста.**

3 **Объясните, как вы понимаете цитату из *Сказки о золотом петушке* А. С. Пушкина.**

Сказка ложь, да в ней намёк!
Добрым молодцам урок.

В чём состоит мораль сказки *Про маленького Бегемотика*?

4 **На основе прочитанной сказки придумайте сказку, где вместо животных выступают люди. Потом сыграйте эту сказку.**

П **5** **По каким признакам можно узнать, что этот текст является сказкой?**

Р Для описания сказки смотрите выражения на стр. 169.

П **6** **Как вы считаете, стоит ли в сегодняшнее время читать сказки? Обоснуйте ваше мнение.**

Р Для выражения мнения пользуйтесь речевыми оборотами на стр. 150.

П **7** **Сказки бывают разные – волшебные, социально-бытовые, сказки о животных.**

а) **Чем они отличаются? Приведите примеры для каждой группы сказок из немецкой и русской литературы.**

б) **Какие сказки вам больше нравятся – волшебные, социально-бытовые или сказки о животных? Обоснуйте ваше мнение.**

Р Для выражения мнения пользуйтесь речевыми оборотами на стр. 150.

Работа над языком

1 **В сказках часто употребляются уменьшительно-ласкательные формы слов, например, *бегемотик* для обозначения маленького бегемота или *травка* для обозначения травы. Назовите названия животных и предметов к следующим уменьшительно-ласкательным формам слов:**

ёжик — ослёнок — зайчик

волчонок — львёнок

кружочек — мышка

черепашка — кошечка — птичка

речка — травка — окошко

2 **В сказке Ильи Члаки бегемотик жёлтый с синими кружочками, но обычно бегемотики серого цвета. А какого цвета бывают эти животные?**

жираф — медведь — крокодил — пингвин — кошка — канарейка

3 **Употребите возвратные глаголы в форме прошедшего времени.**

Образец Животные прыгали и (смеяться). – Животные прыгали и смеялись.

1. Когда зебры увидели бегемотика, они (испугаться).
2. Бегемотик (остановиться) и сел на травку.
3. Животные (веселиться) и (кувыркаться).
4. Бегемотик был рад, что он (встретиться) со слонёнком.
5. Бегемотик и слонёнок (разойтись) по домам.
6. Они больше уже никогда не (расставаться).

Работа над текстом

1 **Как вы думаете, о чём будет идти речь в этом фильме?**

Образец Я думаю, фильм *Питер FM* про любовь.

2 **Посмотрите фильм и пронумеруйте кадры из фильма. Прокомментируйте их.**

3 **Ответьте на вопросы.**

1. В каком городе происходит действие фильма?
2. Кто главные герои фильма?
3. Где работает Маша, где Максим?
4. Каковы их планы на будущее в начале фильма?
5. Как они познакомились?
6. В чём заключаются проблемы молодых людей?
7. О чём они разговаривают по телефону?
8. Почему главные герои меняют свои решения?

4 **Почему Маша и Максим никак не могут встретиться? Назовите причины.**

Образец Однажды Маша задерживается на работе, а Максим…

5 **Перескажите фильм по цепочке. Один начинает, второй продолжает.**

6 **Разыграйте диалог в классе по следующим сценкам из фильма.**

- Маша встречает своего парня и хочет сказать ему о том, что свадьбы не будет.
- Максим проходит собеседование в немецкой архитектурной фирме.
- Маша и Максим разговаривают по телефону о своих планах на будущее.

П **7** **Напишите резюме фильма.**

Р Для написания резюме пользуйтесь речевыми оборотами на стр. 142.

П **8** **Дайте краткую характеристику главным героям.**

Р Для характеристики человека пользуйтесь речевыми оборотами на стр. 144.

9 **В анонсе фильма написано:**
И кто знает, как бы повернулась их судьба, если бы не случай– Маша теряет мобильный телефон, а Максим его находит…

Как вы думаете, как жили бы герои, если бы Маша не потеряла телефон? Выскажите свои предположения.

10 **В конце фильма Максим звонит на радио и слышит Машин голос. Что будет дальше? Придумайте окончание истории.**

11 **Случались ли с вами похожие истории? Расскажите о них.**

12 **Представьте себе, вы работаете диджеем на радиостанции *Питер FM*. Придумайте краткий текст выступления в эфире.**

13 **Прослушайте интервью с режиссёром фильма Оксаной Бычковой. Расскажите о том, как снимался фильм *Питер FM*.**

Работа над языком

1 **Одной из самых интересных тем, которые диджеи обсуждают в эфире, является тема о взаимоотношении полов. Прочитайте детское стихотворение Эдуарда Успенского.**

Назовите грамматическую форму глагола в условном наклонении, выражающую желание.

Если бы я был девчонкой

Если бы я был девчонкой,
Я бы время не терял!
Я б на улице не прыгал,
Я б рубашки постирал.
Я бы вымыл в кухне пол,
Я бы в комнате подмёл,
Перемыл бы чашки-ложки,
Сам начистил бы картошки,
Все свои игрушки сам
Я б расставил по местам!
Отчего ж я не девчонка?
Я бы маме так помог!
Мама сразу бы сказала:
– Молодчина ты, сынок!

2 **Образуйте предложения, употребляя глаголы в условном наклонении.**

Образец Маша теряет телефон и выходит замуж. – Если бы Маша не потеряла телефон, она бы вышла замуж.

- Максим находит телефон и звонит Маше.
- Маша задерживается на работе и опаздывает на встречу с Максимом.
- Максим подписывает контракт с немецкой фирмой и уезжает в Германию.
- Маша работает на радио, Максим каждый день слышит её голос.
- Максим случайно роняет телефон в реку и звонит на радио.

3 **Максим встречает Машу и хочет сделать ей комплимент. Сделайте комплименты в следующих ситуациях и отреагируйте на них.**

- Максиму очень нравятся Машины радио-эфиры.
- Максим в восторге от ужина, приготовленного Машей.
- Максим считает Машу интересным и умным собеседником.
- Максим очарован Машиной улыбкой.

Эти выражения вам помогут:

• Вы прекрасно выглядите.	• Вы тоже хорошо выглядите.
• У тебя хороший вкус!	• Я тоже самое могу сказать о тебе.
• Вам идёт, когда вы улыбаетесь.	• Вы преувеличиваете.
• Тебе к лицу этот цвет.	• Это тебе только кажется.
• Какая ты сегодня красивая!	• Я рад(а) это слышать.
• Ты замечательно танцуешь!	• Спасибо за комплимент.
• С вами интересно разговаривать!	• Спасибо, мне очень приятно это слышать.

Ленинград

Ленин-град

Эту песню напевает молодёжь
Ленин-град, Ленин-снег, Ленин-дождь,
Питер-град, Питер-дождь, Питер-снег,
Э, закурить найдётся, человек?

Ночь, улица, фонарь, фонарь, аптека,
Ларёк, менты, понты и дискотека,
Все на местах и век от века –
Ларёк, менты, понты и дискотека.

Здесь дома из надежды и грёз,
И хозяин у них передоз,
Не помогут тебе крики SOS,
Ты люби этот город до слёз.
Welcome.

6 мент *(разг.)* милиционер
6 понт *(жарг.)* высокомерный человек
10 передоз *(разг.)* передозировка Überdosis

Александр Блок

Ночь, улица, фонарь, аптека,
Бессмысленный и тусклый свет.
Живи ещё хоть четверть века –
Всё будет так. Исхода нет.

Умрёшь – начнёшь опять сначала
И повторится всё, как встарь:
Ночь, ледяная рябь канала,
Аптека, улица, фонарь.

Работа над текстами

1 Послушайте песню группы *Ленинград* и ответьте на вопросы.

1. О каком городе идёт речь?
2. О каких людях идёт речь?
3. Какую картину этого города рисует эта песня – весёлую, нейтральную или печальную? Найдите в тексте песни слова, которые подтверждают ваше мнение.
4. Объясните, соответствует ли ритм музыки содержанию текста песни?
5. Что, по-вашему, обозначают строчки *Ты люби этот город до слёз. Welcome*?

2 **Прослушайте и прочитайте стихотворение Александра Блока и ответьте на вопросы.**

1. Как вы думаете, о каком городе идёт речь? Обоснуйте ваше мнение.
2. К кому, по-вашему, обращается поэт?
3. Какое настроение выражает это стихотворение: весёлое, нейтральное или печальное?

Найдите в стихотворении слова, которые подтверждают ваше мнение.

3 **Сравните это стихотворение с песней *Ленинград*. Что они имеют общего, а что их отличает? Какое из этих произведений вам больше нравится? Обоснуйте ваше мнение.**

4 **Сочините короткую песню или короткое стихотворение о городе, в котором вы живёте или который вы хорошо знаете.**

5 **Представьте своим одноклассникам группу *Ленинград* (сейчас *Рубль*). Используйте Интернет и другие источники СМИ.**

1. Когда и кем группа была основана?
2. Кто входил в состав группы?
3. О чём они пели, какие у них были хиты?

6 **Александр Блок принадлежал к группе поэтов-символистов. Выясните значение этой группы писателей. Используйте Интернет и другие источники СМИ.**

7 **Используя Интернет или других источников СМИ, выясните и …**

- назовите исторические названия города Санкт-Петербурга, начиная с его основания в 1703 года.
- назовите причины его переименования.
- объясните значение слова *Питер*.

П **8** **Подготовьте доклад о главных достопримечательностях Санкт-Петербурга.**

Р Для презентации пользуйтесь речевыми оборотами на стр. 147.

Мой депутат

Я раньше ничего не знала о политике,
Смотрела сериалы и игры в слова.
Я раньше считала, что люди просто винтики,
А оказалось, что была совсем я не права.

Припев:

Мой депутат не говорит красиво,
Мой депутат не бог и не пророк.
Но всё, о чём его я попросила,
Он обещает то, что выполнит в срок.

Мужчина выступал в предвыборном ролике,
И мне запали в душу умные его слова.
Он не такой, как те шуты и алкоголики,
И мы ему с подругами отдали голоса.

Припев

Пока мы здесь поём, танцуем зигзагами,
В его кабинете свет не погас.
Он до сих пор на службе – работает с бумагами,
Он думает о будущем, думает о нас.

Припев

9 предвыборный ролик Wahlwerbespot
10 запасть в душу *(разг.)* tief berühren

Работа над текстом

1 Послушайте песню группы *Поющие вместе* и ответьте на вопросы.

1. Как описывается депутат в этой песне? Найдите в тексте песни подходящие слова и выражения.
2. Почему певица отдала депутату свой голос?
3. Объясните, как вы понимаете фразу *Я раньше считала, что люди просто винтики*.

2 Охарактеризуйте человека, который поёт эту песню.

П 3 Как вы думаете, эта песня серьёзная или ироничная? Обоснуйте ваше мнение!

Р Для выражения мнения пользуйтесь речевыми оборотами на стр. 150.

4 **Найдите информацию о группе *Поющие вместе* в Интернете и составьте рекламный плакат о ней.**

5 **Сочините текст песни о депутате, который вам (не) нравится.**

П **6** **Объясните, почему вы (не) интересуетесь политикой вашей страны.**

Р Для выражения мнения пользуйтесь речевыми оборотами на стр. 150.

7 **Как вы считаете, почему бóльшая часть молодёжи не интересуется политикой? Назовите причины.**

8 **Вы вместе со своим другом (со своей подругой) в гостях у русской семьи в России. Ваш друг (ваша подруга) очень много знает о политике, но он (она) не говорит по-русски, а ваши хозяева не говорят по-немецки. По телевизору идёт передача о парламентских выборах в Германии. Помогите им.**

Ваш хозяин: Как часто у вас проходят выборы в парламент?
Ваш друг/
Ваша подруга: Das Parlament wird alle vier Jahre gewählt.
Ваш хозяин: Какой процент населения участвует в выборах?
Ваш друг/
Ваша подруга: Das ist unterschiedlich. Im Durchschnitt so 70 %.
Ваш хозяин: Сколько партий в вашем парламенте?
Ваш друг/
Ваша подруга: Das sind in der Regel zwei größere und drei kleinere Parteien.
Ваш хозяин: А сколько в правительстве министров?
Ваш друг/
Ваша подруга: Ungefähr 12–15.
Ваш хозяин: Это очень интересно. Спасибо за информацию.

Исаак Ильич Левитан

Исаак Ильич Левитан (1860 –1900) – российский художник-пейзажист.

Родился 18 августа 1860 года в селе Кибарты Ковенской губернии (ныне Литва) в весьма образованной, интеллигентной, но бедной еврейской семье. Его отец владел несколькими языками, был преподавателем, а также работал переводчиком, кассиром и контролёром на железнодорожных станциях.

В 1870-х годах Левитан переехал вместе с семьёй в Москву. Исаак с детства увлекался рисованием, так что, начиная с 1873 года, стал обучаться в училище живописи, ваяния и зодчества в Москве. После смерти отца и матери, в жизни Исаака Левитана наступил тяжёлый период. Видя талант ученика и его невозможность платить за обучение, в училище его освободили от оплаты и даже оказывали помощь.

После выставки картин, ещё во время учёбы, художник получил серебряную медаль. Образование получил в 1885 году. Позже Левитан совершил несколько путешествий по Франции и Италии. [...]

Известнейшие картины Левитана – *Над вечным покоем*, *Вечер на Волге*, *Берёзовая роща*, *Сумерки. Стога*, *Весна – большая вода*, *Вечерний звон*.

8 ваяние Bildhauerkunst
8 зодчество Architektur

И. Левитан, *Вечерний звон*

Работа над текстом

1 **Ответьте на вопросы.**

1. Что вы узнали о семье Левитана?
2. Почему его освободили от оплаты за учёбу?
3. Какие мотивы Левитан предпочитал для своих картин?

П 2 **Опишите картину Левитана *Вечерний звон*.**

Р Для описания картины пользуйтесь речевыми оборотами на стр. 152.

П 3 **Как вы думаете, почему художник назвал свою картину *Вечерний звон*? Обоснуйте ваше мнение.**

Р Для выражения мнения пользуйтесь речевыми оборотами на стр. 150.

4 **Какие чувства вызывает у вас пейзаж – грустное или радостное? Почему?**

П 5 **Прочитайте следующее описание другой картины И. И. Левитана.**

На переднем плане картины мы видим маленькую речку, которая разделяет два берега. На левом берегу у воды – маленький куст с розовыми листочками. Два дерева, с опавшими листьями, стоят чуть дальше от куста. За ними – берёзовая роща, которая тянется до горизонта. У берёз оранжево-жёлтые листья, некоторые уже опали и лежат под деревьями.

В центре картины – маленькая речка, которая течёт медленно и спокойно. Земля покрыта уже увядшей травой. На правом берегу реки – ряд ещё зелёных деревьев и золотая берёза, которая одиноко стоит вдалеке, на самом краю правого берега.

На заднем плане картины река уходит влево. Видны поля. Совсем далеко, почти на горизонте, ярко-зелёное поле и домики. Небо – голубое. На нём мы видим большое белое облако.

8 увядший verwelkt

а) **Нарисуйте картину, исходя из описания, и дайте ей название.**

б) **Представьте свою картину на вернисаже. Для этого выберите в вашей группе двух представителей – один описывает картину, а другой показывает на описываемые детали картины.**

в) **Объясните, почему вы дали своей картине именно это название.**

г) **Проголосуйте в классе, какая из картин вам больше всех нравится. Объясните свой выбор.**

Р Для выражения мнения пользуйтесь речевыми оборотами на стр. 150.

П 6 **Представьте свою любимую картину в классе.**

Р Для описания картины пользуйтесь речевыми оборотами на стр. 152.

Казимир Северинович Малевич

К. Малевич,
Чёрный супрематический квадрат

1 *ЧК – Чёрный супрематический квадрат* был впервые представлен публике на *Последней футуристической выставке 0,10 (ноль – десять)* в декабре 1915 года в Петрограде. На ней Малевич показал беспредметные картины.

а) **Как вы думаете, как восприняли эту картину посетители выставки? Как отреагировали газеты? Сформулируйте заголовки Петроградской прессы.**

б) **Какие ассоциации вызывает картина у вас?**

К. Малевич, *Супрематизм: автопортрет в двух измерениях*

2 **Название картин Малевича *Супрематизм: автопортрет в двух измерениях* и *Супрематизм: композиция* включает термин *супрематизм*.**
Выясните с помощью Интернета значение этого слова и объясните термин своими словами.

К. Малевич, *Супрематизм: композиция*

П **3** **Пользуйтесь интерактивной галереей с картинами К. Малевича.**

а) **Выберите лучшие на ваш взгляд картины (не более 3) среди написанных в 1915 году и объясните свой выбор.**

б) **Картина *Девушка с гребнем в волосах* была создана Малевичем в 1932–1933 годах, в последний период его творчества. Выберите один из портретов этого периода и опишите его.**

Р Для описания картины пользуйтесь речевыми оборотами на стр. 152.

К. Малевич, *Девушка с гребнем в волосах*

П 4 **В настоящее время в России находятся четыре *Чёрных квадрата*: один в Эрмитаже, один в Русском музее и два в Третьяковской галерее. Представьте, что вы с родителями хотите посетить Эрмитаж. Ваши родители интересуются ценами на входные билеты.**

а) **Спросите кассиршу.**

1. Gibt es Preisermäßigung für Schüler und Studenten?
2. Gibt es Personengruppen, für die der Eintritt grundsätzlich frei ist?
3. Gibt es verbilligte Abendtickets? Für welche Zeitspanne sind sie gültig?
4. Gibt es Preisunterschiede an einzelnen Wochentagen?
5. Gibt es Gruppenrabatt? Wenn ja, ab welcher Personenzahl?
6. Können auch Ausländer den Gruppenrabatt in Anspruch nehmen?

б) **Как вы относитесь к бесплатному посещению музеев, библиотек или галерей? Найдите аргументы за и против.**

Р Для дискуссии пользуйтесь речевыми оборотами на стр. 149.

П 5 **Картина Малевича в Эрмитаже принадлежит российскому миллиардеру Владимиру Потанину. Он купил её в 2002 году за 30 миллионов рублей.**

Как вы думаете, искусству нужны спонсоры? Организуйте ток-шоу в группе. Распределите роли.

1. ведущий
2. спонсор, который только что купил за огромную сумму знаменитую картину
3. участники, которые поддерживают точку зрения спонсора
4. участники, у которых противоположное мнение

Р Для дискуссии пользуйтесь речевыми оборотами на стр. 149.

6 **Для экспертов. Объясните цитату.**

**Живопись – это поэзия, которую видят,
а поэзия – это живопись, которую слышат.**
Леонардо да Винчи

Россия и россияне в Европе и мире

1 **Посмотрите на фотографии. Как вы думаете, в каких странах они были сделаны?**

2 **Опираясь на фотографии, подумайте и скажите, что характерно для современной жизни и какие процессы сейчас в ней происходят.**

Эти слова и выражения вам помогут:

- глобализация
- культурная интеграция
- унификация (ценностей, образа жизни, образа мышления)
- отказ от (сохранение) национальных традиций самобытности
- изоляция (открытость)
- симфония народов
- единое пространство

3 **По статистике, в Германии живёт около 5 миллионов русскоязычных людей. В каких странах ещё насчитывается большое количество русскоговорящих?**
Используйте Интернет и другие источники СМИ.

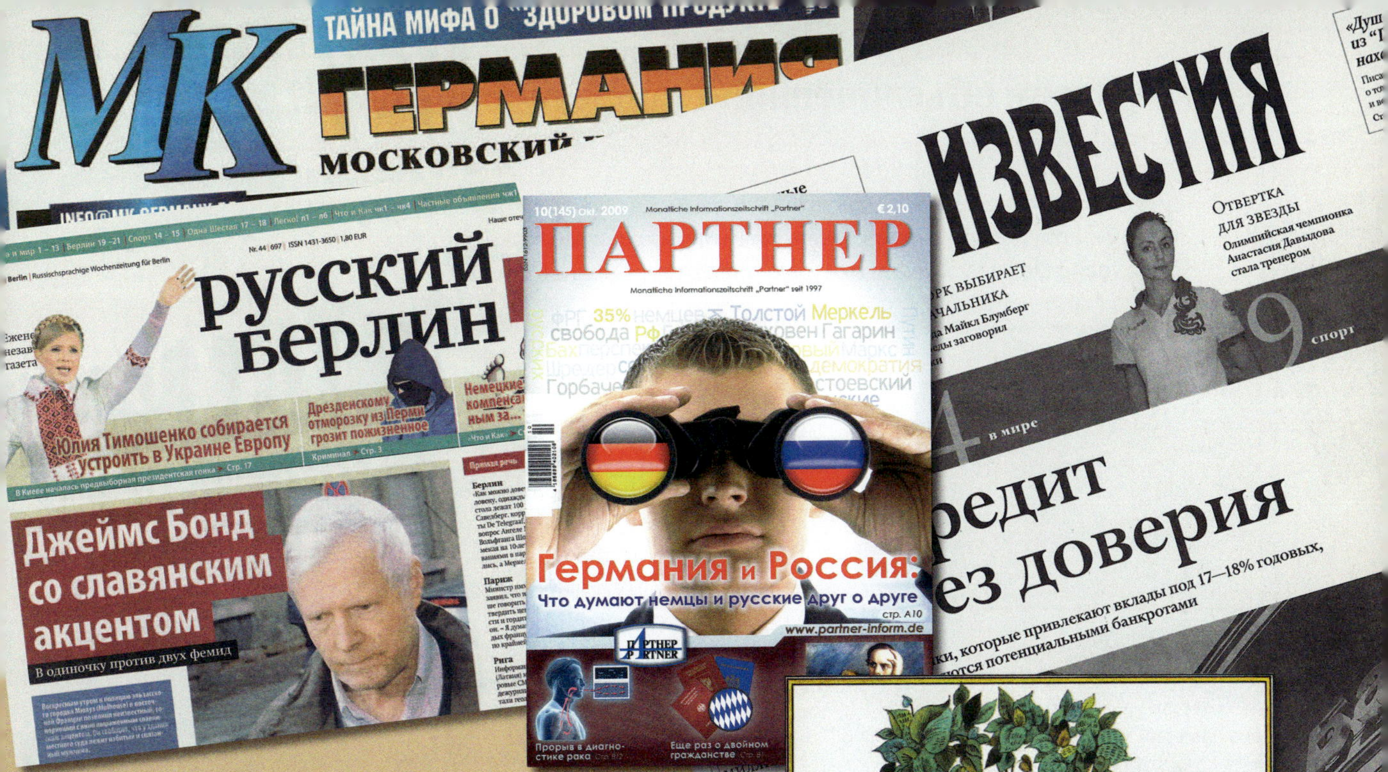

4 **В немецкоговорящих странах издаётся около 50 газет и журналов на русском языке.**
а) **Какие из русскоязычных газет вы знаете?**
б) **Представьте, что вы редактор одной из этих газет. Подберите названия тем, которые, по вашему мнению, могли бы заинтересовать русскоговорящую молодёжь живущую в Германии.**

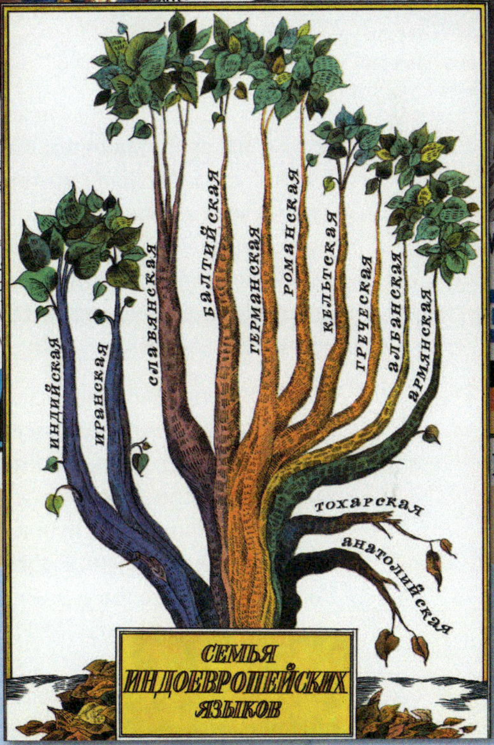

5 **Русский язык принадлежит к индоевропейской семье языков. Посмотрите на рисунок и назовите языки, входящие в каждую из групп.**
Образец балтийская группа – литовский, латышский

6 **Славянские языки подразделяют на восточнославянские (русский, украинский, белорусский), западнославянские (польский, чешский, словацкий, (сербо)лужицкий) и южнославянские (болгарский, македонский, сербский, хорватский, словенский). Сравните примеры и скажите, в каких странах говорят на этих языках.**

	русский	украинский	польский	чешский/ словацкий	словен-ский	сербский/ хорватский	болгарский
Schwester	сестра	сестра	siostra	sestra	sestra	сестра/sestra	сестра
Kopf	голова	голова	głowa	hlava	glava	глава/glava	глава

7 **Знаете ли вы, что слова *Roboter*, *Gurke*, *Grenze*, *Hamster* пришли в немецкий из славянских языков?**
а) **Как вы думаете, от каких слов они образованы?**
б) **Приведите другие примеры.**

Зачем объединённой Европе русский язык?

Корреспондент немецкой газеты встретился с лингвистом из Санкт-Петербурга профессором Валерием Михайловичем Мокиенко. Разговор шёл о русском языке и его роли в современной Европе.

Проф. Валерий Михайлович Мокиенко, Санкт-Петербург

Валерий Михайлович, мы знаем, что Вы проработали больше 15 лет в Германии. Заметили ли Вы, как со времён перестройки меняется отношение к русскому языку в Европе?

Конечно, тем более что таких изменений просто нельзя было не заметить. В начале 90-х годов аудитории были переполнены студентами-русистами. Миролюбивые российские инициативы, падение Берлинской стены, свобода слова и демократические преобразования в России стали тем магнитом, который и притянул многих к русскому языку и русистике. Но потом интерес уменьшился. Появились другие проблемы, и Европа стала больше интересоваться английским, немецким, французским языками. Русский казался малоперспективным. Но уже к концу 90-х годов ситуация начала меняться, и теперь медленно, но верно Европа – особенно молодые люди – снова интересуется русским.

А в чём Вы видите причину этого?

Как всегда, конечно же, в первую очередь в экономике. Западные рынки не имеют вакансий, а Россия – это будущее для внешней торговли и будущее для мировой экономики. Уже сегодня Россия вызывает высокий интерес у многих предпринимателей и инвесторов.

Объявление оператора мобильной связи. Особенно в рекламе часто смешивают кириллицу с латиницей.

Европейские супермаркеты, автоконцерны со всего мира, крупные всемирно известные фирмы – такие, как *Сименс*, *Крупп*, *Бош*, *ТЕЛЕКОМ* интересуются перспективным рынком России и направляют к нам своих представителей. Не забывайте и то, что Россия – член *Большой восьмёрки,* и что проводятся постоянные консультации нашей страны с НАТО, где тоже говорят по-русски. Кстати, и процесс разоружения в мире требует участия России. Богатые энергетические ресурсы Российского государства тоже представляют большой интерес для многих специалистов. Более того, с большинством славянских стран русский язык до сих пор является языком деловых контактов. Можно напомнить и о том, что русский язык –официальный и во многих всемирных органи-

14 притянуть *hier:* begeistern
26 вакансия freie Kapazität
37 Большая восьмёрка G8-Staaten
39 разоружение Abrüstung

Иностранные слова на рекламном плакате

зациях, например, в ООН и ЮНЕСКО. Он входит в число *мировых языков*. К тому же даёт хорошую основу для изучения других славянских языков.

Кстати, сами россияне любят подчёркивать не только загадочность «русской души», но и то, что их язык уникален. Действительно ли он так сильно отличается от других европейских языков?

Знаете, я везде, где только могу, выступаю против часто цитируемой фразы нашего поэта Ф. И. Тютчева о том, что *Умом Россию не понять*, и против идеи уникальности нашего языка. Русский язык – абсолютно европейский. Посмотрите хотя бы на привычные всем названия на улицах: *парикмахерская*, *музей*, *ресторан*, *салон красоты*... Да и достаточно раскрыть любую русскую книгу, журнал или газету, чтобы сразу же увидеть множество иностранных слов и выражений: из немецкого, английского, французского, латыни, греческого.

А не влияет ли такое множество слов из разных языков на эстетику русского языка?

Конечно, влияет. Но скорее в лучшую, а не в худшую сторону. Ведь европеизация России, как и её постоянные связи с Азией – это мощное обогащение русской культуры и русского языка. Некоторые писатели и учёные находят в русском языке и мелодичность итальянского, и строгость немецкого, и изящество французского... Но, естественно, в нём немало и своего, славянского.

Значит, за эстетику, оригинальность и судьбу русского языка можно не бояться?

Конечно нет. И я уверен, что никто из моих немецких, американских, польских, украинских и русских студентов и коллег не пожалел и никогда не пожалеет, что начал его изучение.

Спасибо Вам за интервью.

48 загадочность Rätselhaftigkeit
64 мощный gewaltig

Работа над текстом

1 **Ответьте на вопросы.**

1. Чем занимается профессор В. М. Мокиенко?
2. С какого времени лингвист замечает повышение интереса к русистике?
3. Кто и что, по его мнению, служит сегодня *двигателем прогресса* русского языка?
4. Как оценивает профессор Мокиенко мнение об *уникальности* русского языка?
5. Каков взгляд профессора на употребление иностранных слов в русском языке?
6. В чём, по мнению петербуржца, гарантия долголетия русского языка?

2 **Какие проблемы обсуждаются в интервью? Перечислите их.**

3 **Разделите текст на смысловые абзацы. Подберите к каждому абзацу подходящий заголовок и обсудите, какой из предложенных вами заголовков самый удачный. Придумайте другое название текста.**

4 **Познакомьтесь со статистикой о наиболее распространённых языках мира и приблизительном количестве говорящих на них. Почему, по вашему мнению, некоторые из них являются мировыми, а другие нет?**

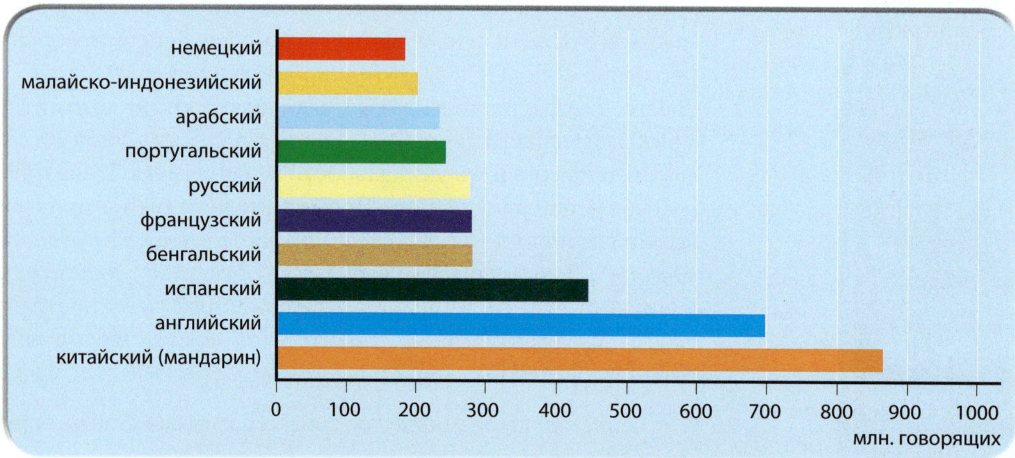

Вы можете прокомментировать своё мнение так:

- На английском языке говорят почти 700 миллионов человек. Испаноговорящих в мире больше…
- … языком владеют почти…
- На … языке общаются…
- На … языке говорит примерно такое же количество человек, как и на …
- … язык известен большему числу говорящих, чем…
- Численность …язычного населения в Европе выше, чем…

П **5** **Выскажите своё согласие или несогласие со следующими точками зрения. Попробуйте обосновать своё мнение.**

Русский язык открывает путь к уникальной русской литературе, музыке, культуре – да не только классической, но и ультрасовременной. Конечно, им стоит заниматься!

Анна

Симоне

Хочу путешествовать по России, хочу говорить с людьми на их родном языке.

В общем-то, престиж русского языка на Западе низок. В Европе говорят по-английски. Значит, русский язык – только для романтиков.

Марк

Я уже несколько лет занимаюсь русским языком, а в этом году начал заниматься польским. Очень многое я узнаю благодаря русскому.

Петер

Хочу попробовать себя в бизнесе и открыть свою фирму в России. Для этого необходим русский.

Клаус

Р Для выражения вашего мнения пользуйтесь речевыми оборотами на стр. 150.

6 **Составьте короткий рассказ о том, на каких иностранных языках говорят в вашей семье. Прочтите его в классе.**

Ориентируйтесь на следующие пункты:

– когда начали заниматься этим иностранным языком
– почему выбрали для изучения именно этот язык
– на каком уровне говорят
– с кем говорят и где
– посещали ли они страну изучаемого языка

7 **Подготовьтесь к проведению *Дня европейских языков*, который в Европейском Союзе отмечается каждый год 26 сентября. Пригласите своих российских друзей.**

а) Создайте плакат-приглашение на вечер русского языка.
б) Напишите приветствие гостей от имени школьников.
в) Представьтесь сами и представьте своих учителей.
д) Расскажите о других языках, которые изучаются в вашей школе.
е) Оформите рекламные ролики с аргументами в пользу изучения русского языка (экономика, культура, сохранение мира, туризм и др.).
ж) Составьте меню русских блюд. Приготовьте одно или несколько из них и угостите гостей.

8 **Между директором одной из немецких гимназий и русскими гостями состоится беседа о школе и изучаемых в ней языках. Переведите своим русским гостям основные мысли его выступления.**

Директор: Unsere Schule hat viele Kontakte mit Schulen im Ausland. Unsere Schüler absolvieren dort auch Sprachpraktika und wir können ausländische Schüler hier begrüßen.
Гость: А с какими странами вы сотрудничаете?
Директор: Mit Frankreich, Spanien und Russland.
Гостья: Сколько языков преподают в вашей школе?
Директор: In der Schule werden fünf Sprachen unterrichtet.
Гостья: Кроме английского языка, какие ещё языки представлены?
Директор: Die europäische Integration erfordert Kenntnisse sowohl westlicher als auch östlicher Sprachen: Englisch, Spanisch, Französisch, Latein und Russisch.
Гость: Планируется ли изучение других славянских языков?
Директор: Ja, in der Zukunft denken wir auch an Polnisch und Tschechisch.
Гость: Практикуете ли вы обмен учениками с русскими школами?
Директор: Ja, wir haben einen Partnerschaftsvertrag mit einer Schule in Sankt Petersburg und in Jekaterinburg. Im kommenden Jahr werden 10 unserer Schüler zu einem Sprachaufenthalt an eine Moskauer Schule fahren.
Гости: Очень интересно.

9 **Прослушайте текст *Какую фамилию носил Иван Грозный?*. Во время прослушивания обратите внимание на следующую информацию.**

1. Почему Иван Грозный не смог бы ответить на вопрос о своей фамилии?
2. Когда появились первые фамилии в России?
3. Когда простые люди получили фамилии?
4. Какие принципы образования фамилий были названы в тексте?

10 **Полминутки для шутки**

☺ **Как быстро можно выучить иностранный язык?**

Журналист спросил у профессора, сколько времени ему нужно, чтобы выучить иностранный язык. Профессор подумал и сказал, что ему нужно для этого пять лет.

Журналист спросил у студента, сколько времени ему нужно на изучение иностранного языка. Тот ответил, что он выучит язык за два года.

Журналист спросил ученика, сколько времени нужно ему, чтобы выучить иностранный язык.

– А когда сдавать? – спросил ученик.

Существует мнение, что иностранный язык изучается быстрее и с большим удовольствием, когда общаться на нём приходится с близким или любимым человеком. Значит, давайте влюбляться!

Работа над языком

1 **Выпишите из текста на стр. 50–51 русские эквиваленты немецких оборотов.**

- russische Friedensinitiativen
- perspektivreicher russischer Markt
- Energiereserven des russischen Staates
- Russisch ist eine offizielle Sprache internationaler Organisationen.
- Russland spielt eine große Rolle in der Weltpolitik und bei der Abrüstung.

2 **Скажите это иначе.**

1. В начале 90-х годов аудитории были переполнены студентами-русистами.
2. Демократические преобразования в России стали магнитом, который многих притянул к русскому языку.
3. Крупные фирмы интересуются перспективным рынком России.
4. Русский язык является официальным языком в ООН.

3 **Найдите в тексте на стр. 50–51 прилагательные, от которых образованы следующие существительные.**

богатство, миролюбие, высота, известность, славянин

большинство, уникальность, привычка, скорость, молодёжь

4 **С какими существительными могут сочетаться данные глаголы?**

Образец повышать – повышать уровень знания русского языка, цены на бензин, зарплату, эффективность…

изменять, интересоваться, облегчать

сближать, подчёркивать, заниматься

5 **Как вы думаете, чем можно заниматься в этом фитнес-клубе.**
Какую группу вы бы выбрали? Почему?

Фитнес-клуб “Самый”

Мы предлагаем Вам следующие фитнес направления:

Данс Аэробика	Low style
Шоу гёлз	Гирокинетик
Ragga Jam	Пилатес
Pure Jazz	Стрейч
Crazy Latina	Йога

6 **Русский или российский?**

а) **Сравните.**

русский, -ая, -ое; -ие	российский, -ая, -ое; -ие
относится к русскому этносу и языку:	*относится к Российской Федерации:*
русская культура	российская территория
русский алфавит	российский флаг
русский язык	российский гимн

б) **Выпишите из текста на стр. 50–51 словосочетания с этими словами и обоснуйте их употребление в контексте.**

7 **Познакомьтесь с русскими выражениями со словом *язык*. В каких ситуациях можно их употребить? Найдите немецкие эквиваленты.**

Держать язык за зубами

Находить/найти общий язык

Злой (острый) язык

Язык как бритва

Что-либо вертится на языке

Высунув язык

П **8** **Почему русские так говорят?**

Язык до Киева доведёт.

Так говорят, когда хотят сказать, что с помощью вопроса можно найти дорогу и выяснить всё, чего не знаешь.

Эта популярная пословица значит, что человек, который не боится обращаться к другим и задавать им нужные вопросы, всегда найдёт необходимую информацию. То, что эта пословица известна и в России, и на Украине – не случайно. Она отражает память о культурном значении Киева для всего славянского мира.

Модель, по которой эта пословица образована, универсальна: ср. по-немецки *Mit Fragen kommt man durch die Welt,* или по-китайски *У кого язык, тот дойдёт до Пекина.*

Как вы бы интерпретировали карикатуру?

Р Для описания карикатуры пользуйтесь речевыми оборотами на стр. 154.

Русские имена в мировой науке

Дмитрий Иванович Менделеев (1834–1907)

На вопрос *Кто самый известный учёный России?* большинство отвечает – Менделеев.

Д. И. Менделеев

Во времена Менделеева многое в химии было неясно. Разные учёные старались систематизировать знание о химических элементах, но никто не увидел закономерности в их расположении. Только Дмитрий Иванович нашёл каждому элементу своё место, и предсказал свойства новых элементов. Кроме того, он был советником председателя кабинета министров России. Так, с его подачи были организованы Высшие технические институты в России, была заложена основа российской инженерной школы, которая стала знаменитой во всём мире.

Менделеев был и инициативным идеологом нефтяного дела. Его фраза «топить нефтью – это как жечь ассигнации» стала афоризмом. Он убедил правительство построить в России первый нефтехимический завод.

Менделеев был удивительно разносторонней и яркой личностью, любил природу, музыку и литературу. Существует такая легенда. Он хотел развестись с женой. Но тогда православная церковь, главой которой был царь, категорически возражала против разводов. Но Менделееву сказали: если он напишет прошение Александру III, то ему в качестве исключения даруют такое разрешение. Он написал прошение, получил соответствующую бумагу. А в царском окружении был генерал, решивший тоже воспользоваться милостью царя. Он подал заявление, и царь написал: «Отказать. Таких дураков, как ты, у меня много, а Менделеев – один».

11 ассигнации *hier:* Geld
18 прошение Gesuch
22 милость Gunst

Какой ответ правильный?

1. а. Менделеев первым думал о систематизации элементов.
   б. Менделеев увидел закономерности в расположении элементов.
   в. Дмитрий Иванович нашёл каждому учёному своё место.
2. а. Учёный предлагал топить нефтью вместо угля и дров.
   б. Учёный считал, что топить нефтью – это как жечь ценные бумаги.
   в. Учёный сказал, что нефть – это только временный источник энергии.
3. а. Он попросил царя построить в России первый завод нефтяной промышленности.
   б. Он убедил правительство построить в России нефтехимический завод.
   в. Он убедил правительство построить в России химическую фабрику.
4. а. Менделееву сказали, что если он напишет прошение Николаю II, то ему даруют разрешение о разводе.
   б. Менделееву сказали, что если он напишет прошение Александру II, то ему в качестве исключения даруют такое разрешение.
   в. Менделееву сказали: если он напишет прошение Александру III, то ему в качестве исключения даруют такое разрешение.

Софья Ковалевская (1850–1891)

Каждый обязан свои лучшие силы посвятить делу большинства.
С. В. Ковалевская

В истории российской науки немного найдётся женских имён, которые были бы известны всему миру. К ним принадлежит имя Софьи Васильевны Ковалевской, великой русской женщины-математика. Её первое знакомство с математикой произошло, когда ей было 8 лет. Для оклейки комнат не хватало обоев, и стены Сони оклеили листами лекции по математическому анализу.

Но на пути к высшему образованию стояли две преграды. Первой был ... пол. В то время девушек в российские вузы не принимали. Второй преградой стало нежелание отца, чтобы его дочь посвятила себя науке. Поэтому она решила уехать в Германию и продолжила свои занятия математикой там. В 1869 году она училась в Гейдельберге, а потом занималась частным образом в Берлине, где также женщинам ещё не был открыт доступ в университет. После своих лекций в Стокгольмском университете Ковалевская в 1884 году была назначена там профессором.

С. В. Ковалевская

Ковалевская была не только гениальным математиком, но и прекрасной писательницей. Её автобиографическая повесть, романы *Нигилистка* и *Сёстры Раевские*, а также лирические стихи, которые она писала, свидетельствуют о большом литературном таланте.

Память о женщине-учёной конца XIX-го века в России бережно хранится. В Петербурге, например, есть музей Софьи Ковалевской, одна из улиц названа в её честь.

5 оклейка Tapezieren
6 обои Tapeten
9 преграда Hindernis

Ответьте на вопросы.

1. В каком возрасте состоялось первое знакомство Софьи Ковалевской с математикой?
2. Какие преграды стояли на пути Софьи к высшему образованию?
3. Когда и где она училась в Германии?
4. Какое звание ей было присвоено в 1884 году?
5. Чем ещё, кроме математики, занималась Софья Ковалевская?
6. Как хранится память о женщине-учёной?

Константин Эдуардович Циолковский (1857–1935)

Каждое существо должно жить и думать так, как будто оно всего может добиться рано или поздно.
К. Э. Циолковский

К. Э. Циолковский

Константин Эдуардович Циолковский родился в маленьком селе в семье лесничего. В десятилетнем возрасте после скарлатины он почти полностью потерял слух. Глухота не позволила продолжать учёбу в школе, и с 14 лет он занимался самостоятельно. В 1873 году поселился в Москве, а в 1879 году сдал экзамен на учителя школы и до конца жизни преподавал физику и математику. Одновременно К. Э. Циолковский вёл научную работу. В 1883–1889 годах он опубликовал научно-фантастические повести *На Луне*, *Вне Земли*, *Грёзы о Земле и небе*, в 1903 году – статью *Исследования мировых пространств космическими приборами*. Однако идеи Циолковского нашли признание только в 20-х годах XX-го века.

Он достиг мировой известности как основоположник космонавтики. Центральное место в его творчестве занимают не технические аспекты, а вопросы значимости космоса в целом и роли человека в космосе.

Спутники и ракеты стали повседневным явлением нашей жизни и без них невозможны ни телепередачи, ни телефонная связь. Но мы знаем, что ракеты несут в себе и угрозу человечеству. Знал ли об этом основатель космонавтики?

Правильно или неправильно?

1. Циолковский в девятилетнем возрасте полностью потерял слух.
2. До 14 лет Циолковский учился в школе.
3. Он опубликовал научно-фантастические повести.
4. Центральное место в его творчестве занимали технические аспекты космонавтики.
5. Он описывал роль человека в космосе.
6. Для телепередач и телефонной связи не нужны спутники.

1 лесничий Forstmeister
2 скарлатина Scharlach
3 глухота Taubheit
9 грёзы Träume
13 основоположник Begründer

Работа над текстами

1 **Ответьте на вопросы.**

1. Как зовут самую известную в России женщину-математика?
2. Почему российские женщины в XIX-м веке вынуждены были получать высшее образование за границей?
3. Кого считают основоположником всемирной космонавтики?
4. Кого из русских учёных россияне считают самым известным?
5. Что предсказал Дмитрий Иванович Менделеев?
6. Какую должность занимал Менделеев при кабинете министров России?

2 **Найдите в текстах и назовите круг интересов названных учёных. Что их объединяет?**

3 **Перескажите краткое содержание одного из текстов по выбору. Перескажите текст *по цепочке*: один начинает, а другие по очереди продолжают пересказ текста.**

4 **В каких общественных условиях работали С. В. Ковалевская, К. Э. Циолковский и Д. И. Менделеев? Опишите проблемы, которые возникали при получении образования.**

П **5** **Выберите одно из открытий лауреата Нобелевской премии. Обсудите его значение для человечества и подготовьте презентацию об одном из них. Представьте результат своей работы в классе.**

Р Для презентации пользуйтесь речевыми оборотами на стр. 147.

6 **Каких других известных личностей того времени вы знаете? Чем они занимались?**

П **7** **Посмотрите на портрет К. Э. Циолковского. Какие детали интерьера указывают на то, что это кабинет учёного?**

Р Для описания картины пользуйтесь речевыми оборотами на стр. 152.

А. Сахаров на демонстрации в Лужниках в 1989 году.

8 **Прослушайте текст о лауреате Нобелевской премии мира Андрее Дмитриевиче Сахарове. Соберите о нём информацию.**

1. Что открыл А. Д. Сахаров?
2. Когда и за что ему была присуждена Нобелевская премия мира?
3. Почему учёный был выслан из Москвы?
4. Каким он был в быту?
5. Какая у него была квартира?
6. Почему он грустил, когда не работал его телефон?

П **9** **Как вы считаете, какими качествами должен обладать учёный? Обоснуйте своё мнение.**

Вы можете использовать следующие слова и выражения:

- быть настойчивым
- отличаться сообразительностью
- иметь богатое воображение
- быть любознательным
- быть открытым для новых идей
- умение правильно распределять своё время
- быть организованным и последовательным
- находить время для отдыха

Р Для характеристики человека пользуйтесь речевыми оборотами на стр. 144.

10 **Полминутки для шутки**

☺ **Менделеев и русская водка**
Многие считают, что Менделеев изобрёл русскую водку. Хотя это не так. Легенда возникла после защиты им диссертации «О соединении спирта с водою» в 1865 году. Диссертация, однако, к водке никакого отношения не имела.

☺ **Хобби Менделеева – изготовление чемоданов**
Однажды, когда он покупал материалы, необходимые для этого, другие покупатели в магазине спросили продавца: «Кто это такой?» – «Неужели не знаете? Это известный мастер чемоданных дел господин Менделеев»,– ответил продавец. Когда Менделеев услышал эти слова, он был очень доволен такой характеристикой.

Работа над языком

1 **Обратите внимание на употребление слов. Составьте словосочетания.**

большой | великий | знакомый | знаменитый | известный

большой – значительный по размеру, по величине, силе:
большой дом, большая радость, большая буква
великий – превосходящий общий уровень, обычную меру, значение, выдающийся:
великий русский язык, великие люди, Великая Отечественная война
знакомый – такой, о котором знали раньше, известный:
знакомая мелодия
знаменитый – пользующийся всеобщей известностью:
знаменитый поэт
известный – такой, о деятельности которого все хорошо знают, пользующийся популярностью:
известный писатель

2 **Приведите примеры прилагательных, которые служат для обозначения положительных или отрицательных черт характера. Подберите к ним антонимы и запишите их парами.**

Образец умный – глупый
вежливый – грубый

3 **Запишите исходную форму прилагательного, от которой образована степень сравнения. Употребите её в словосочетаниях и предложениях.**

Образец старше – старый: старый друг, старая машина, старое здание
Старый друг лучше новых двух.

важнее | целеустремлённее | лучше | настойчивее | хуже | активнее | интереснее | нужнее | меньше | опаснее

4 **Образуйте от прилагательных (упр. 3) превосходную степень с суффиксом *-айш-/-ейш-* по образцу. Используйте их в своих рассказах об известных исторических личностях.**

Образец один из знаменитейших один из величайших

Российский *Газпром* и Европа

«Будущее Европы и России связано между собой. Нужно говорить об этой естественной взаимозависимости, выстраивать отношения на длительную перспективу, строить их на понятных принципах, уважать интересы друг друга. Тогда всё пространство Большой Европы будет процветать, будет конкурентоспособным в таком сложном сегодняшнем мире». *В. В. Путин*

Международные корпорации – это крупные объединения промышленных, торговых, транспортных или банковских фирм и компаний. Их деятельность распространяется нередко на весь мир. Такая глобализация даёт им преимущество в производстве, торговле и сервисе. Ярким примером является русский *Газпром* – крупнейшая газовая компания в мире.

Располагая самыми богатыми в мире запасами природного газа, *Газпром* занимается геологоразведкой, добычей, транспортировкой, хранением, переработкой и продажей газа. На *Газпром* приходится около 18 % мировой и более 80 % российской добычи газа. Важен тот факт, что *Газпром* использует крупнейшую в мире систему транспортировки газа. Проходя через многие страны Европы, она обеспечивает надёжность поставок газа европейским потребителям. Так, *E.ON Ruhrgas* уже несколько десятилетий сотрудничает с российским концерном и закупает природный газ у *Газпрома*.

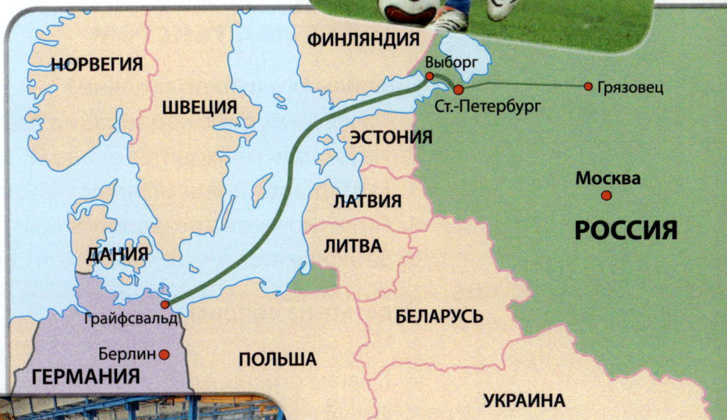

Схема газопровода из России в Германию

За это время осуществлено и несколько совместных проектов в технической, социальной и культурной областях.

Таким, например, является газопровод через Балтийское море – *Северный поток* (Nord Stream).

Северный поток предлагает принципиально новый маршрут транспортировки российского газа в Европу. Российский газ транспортируется в Европу из далёкого полуострова Ямал, который расположен за полярным кругом. Газопровод проходит по дну Балтийского моря и имеет ответвления в Калининградскую область, Финляндию, Швецию, Нидерланды и Великобританию.

Конечно, всегда стоит вопрос о защите окружающей среды при строительстве новых объектов. При строительстве трассы *Северного потока* опасным для экологии оказалось, например, обнаружение на морском дне большого количества боеприпасов. Их уничтожение способствовало сохранению экологической безопасности Балтики. Найдены были также и остатки судна, которое утонуло больше 300 лет назад, ставшее для археологов важным свидетельством о нашем прошлом.

Ответственность за экологическую безопасность несут обе стороны: и продающий газ, и покупающий его. Ни одна страна не может решить все эти вопросы самостоятельно.

36 боеприпасы Munition

Для повышения престижа и рекламы *Газпром* берёт на себя и некоторые задачи спонсирования культуры. Он спонсирует Германо-Российский фестиваль, чтобы представить в Германии сегодняшнюю Россию с её современными деятелями искусств и молодыми талантами. Концерн финансово поддерживает футбольную команду *Шальке-04*, на майках которого написано *GAZPROM*. *Газпром* спонсирует и проект по изучению русского языка, например, *Учить русский, играя*.

Часто задают вопрос: не сделает ли новый газопровод Европу слишком зависимой от России? На этот вопрос можно ответить отрицательно. Во-первых, *Газпром* – это только один из поставщиков газа в ЕС. Во-вторых, не только Европе нужен *Газпром*, а и Газпрому как поставщику газа тоже нужен ЕС. В-третьих, без постоянных связей с ЕС *Газпрому* сложно модернизировать свою инфраструктуру. Вот почему *Газпром* и энергосистема Европы – взаимосвязанные структуры, свидетельствующие о том, что глобализация вполне выгодна не только в политической сфере, но и в экономике.

В. В. Путин: Из интервью Первому каналу германского телевидения «АРД» 15 января 2009 г.

54 поставщик Lieferant

Работа над текстом

1 **Правильно или неправильно?**

1. Международные корпорации распространяются по всему миру.
2. На *Газпром* приходится около 80 % мировой добычи газа.
3. Газопровод *Северный поток* проходит по дну Балтийского моря.
4. При строительстве газопровода нашли подводную лодку.
5. За экологию отвечает тот, кто продаёт газ.

2 **Ответьте на вопросы.**

1. Чем вызвано строительство газопровода *Северный поток*?
2. В какие страны идёт газ по этому газопроводу?
3. Откуда российский газ идёт в Европу?
4. Какие культурные и спортивные проекты поддерживает *Газпром*?

3 **Разделите текст на части и придумайте к каждой части заголовок.**

П **4** **При строительстве газопровода *Северный поток* проводились длительные археологические исследования трассы. Это делалось в соответствии с законом, который предписывает проводить такие исследования перед началом любого строительства. Оправдано ли это? Приведите свои аргументы.**

Следующие слова и выражения могут вам помочь:

- защита окружающей среды
- обеспечивать безопасность
- исследование морского дна
- учитывать определённые условия
- археологический памятник
- закон о защите окружающей среды
- дорогостоящие исследования

Р Для выражения вашего мнения пользуйтесь речевыми оборотами на стр. 150.

5 **Приведите аргументы за и против строительства новых газовых и нефтяных трасс в Европе. Составьте лозунги на эту тему. Обоснуйте свой выбор.**

WIR BRAUCHEN GAS!

ES WERDE LICHT!

GAS IST WÄRME.

ÖL IST ENDLICH!

UNABHÄNGIGKEIT VON DRITTLÄNDERN!

GASLEITUNGEN ZERSTÖREN DIE UMWELT.

ÖL VERHEIZEN HEISST GELD VERBRENNEN.

6 **Выберите одно из следующих заданий и представьте результат своей работы в классе.**

1. Составьте план рассказа об одной из фирм вашего региона, которая работает за рубежом и подготовьте рекламный буклет о её деятельности.
2. Расскажите о сотрудничестве вашего города с зарубежными городами. Приведите примеры их партнёрских отношений (сотрудничество в сфере экономики, науки, образования, культуры, туризма). Подготовьте презентацию.

7 **Охарактеризуйте Германию и Россию пятью словами. Объясните ваш выбор.**

П **8** **Проведите дискуссию.**

1. В чём вы видите перспективы сотрудничества между Россией и Германией?
2. Какое влияние, по-вашему, будет иметь Россия в «Европейском доме» и в мире?
3. Как, по-вашему, войдёт ли Россия когда-нибудь в Европейский союз? Были бы вы за или против?

Р Для проведения дискуссии пользуйтесь речевыми оборотами на стр. 149.

Пример глобализации: русский отель в Германии.

9 **Россия и Германия вчера и сегодня. Используйте материалы из Интернета и представьте результаты своей работы в классе.**

1 группа: Российское присутствие в европейской культуре
2 группа: Российские предприятия в объединённой Европе
3 группа: Русские в Германии в XIX и XX веках
4 группа: Славянские корни в географических названиях Германии

Работа над языком

1 **Найдите и назовите полную форму следующих аббревиатур и сложносокращённых слов. Переведите их. Обратите внимание на словообразование (использование соединительного гласного звука).**

- ФРГ, РФ, ООН, ЕС, АЭС, ГЭС, ТЭС, ЕЦБ, БАМ, СССР;
- газопровод, нефтепродукты, энергосистема, энергоресурсы, Центробанк;
- сберкасса, Госдума, пивбар;
- межгосударственный, малоэффективный, внешнеторговый, судоходный

2 **Составьте ряды слов с общим корнем.**

Образец торговля – торговый – торгово-промышленный

промышленность, нефть, газ, уголь, дерево, аренда, налог, успех, импорт, энергетика, транспорт, банк, политика

3 **Прочитайте, переведите и объясните правописание букв *с* и *з* в приставках.**
безработный инженер, бесплатный билет, воспитывать человека, возможность поехать в Россию, возраст моего брата, возвращаться домой, искреннее восхищение, хорошо изобразить море, изучать иностранный язык, исполнять просьбу, расписание уроков, наука развивается быстро, узнать размер одежды, интересный рассказ

4 **Переведите пассивные конструкции рекламы на немецкий язык.**

Эта помада используется миллионами женщин.

У нас производится самый вкусный шоколад.

Наши костюмы предпочитаются самыми преуспевающими бизнесменами.

5 **Выпишите из текста на стр. 61–62 все предложения с деепричастными оборотами. Преобразуйте деепричастные обороты, используя такие языковые средства, как например, второе сказуемое, придаточное предложение или предложное сочетание.**

Образец Строя газопровод, специалисты нашли остатки судна.

Когда строили газопровод, …
Специалисты строили газопровод и нашли …

П **6** **Познакомьтесь с русским фразеологизмом. Потом обсудите причины, которые приводят к выезду специалистов из страны.**

Утечка мозгов (умов) *(публиц.)*
«Утечка мозгов» — процесс, при котором из страны или региона эмигрируют учёные, специалисты и квалифицированные рабочие по экономическим, реже политическим, религиозным или иным причинам.
Страны, из которых уезжают специалисты, часто проигрывают в экономической, культурной, а иногда и в политической сфере. Принимающие страны приобретают огромный и дешёвый интеллектуальный капитал.

Как вы понимаете карикатуру? Обсудите последствия «утечки мозгов».

Р Для описания карикатуры пользуйтесь речевыми оборотами на стр. 154.

Обыкновенный миллиардер

Сергей Брин – один из самых богатых людей планеты и основатель компании Google. Он уехал из России ребёнком и добился огромного успеха в США. Правда, у русских он по-прежнему считается своим. Он дал интервью *Известиям* во время своего визита в Москву в 2008 году.

Сергей Брин (слева) со своим другом Л. Пейджом

Что, по-вашему, изменилось в Москве после того, как Вы уехали?

Мне приятно видеть, как изменилась Москва, как изменилась страна. Хорошо, что в России теперь стала развиваться технология, и русские стараются не зависеть так сильно от нефти.

Вы смогли бы повторить свой успех, если бы остались в России?

Мне повезло в том, что я получил то образование, которое получил. Повезло, что мой интерес к компьютерам стал делом моей жизни. Повезло, что я начал заниматься Интернет-поиском и, наконец, что моя компания стала преуспевать. Если бы можно было всё начать сначала, я бы ничего менять не стал. Впрочем, вполне возможно, мне кажется, создать крупную компанию и в России.

Кем Вы себя ощущаете – американцем или русским?

И тем, и другим. Конечно, я много времени провожу в Америке, но, с другой стороны, я общаюсь с родителями по-русски. Да десять лет, что я жил в России, безусловно, оказали на меня какое-то влияние.

Про Вас говорят, что Вы любите русскую кухню и даже всем друзьям советуете кафе, где подают борщ и пельмени. Это правда?

У журналистов иногда многое преувеличивается.

Когда Вы начали серьёзно заниматься компьютерной техникой?

После школы я учился в университете Мэриленда, а затем – в докторантуре Стэнфорда по специальности *компьютерные технологии*. Именно там я познакомился и подружился со своим будущим партнёром Ларри Пейджем. Наш поисковик вырос из нашей докторской работы – локального поисковика, созданного для однокурсников.

Говорят, что с друзьями лучше не делать бизнес – иначе дружбе конец. Ларри Пейдж для вас – друг или партнёр?

Быть и партнёрами, и приятелями – очень трудно, но у нас как-то получилось. Мы часто встречаемся вне работы и при этом иногда не говорим о работе. Существенный фактор, продлевающий дружбу, – то, что наши жизни всегда меняются одновременно. У нас одновременно стало больше денег (журнал *Форбс* оценивает состояние каждого в $ 18,5 млрд.), а затем – больше свободного времени.

Тяжело управлять такой огромной компанией? Как Вы боретесь со стрессом?

Руководить такой компанией – всегда большой стресс. Но я занимаюсь спортом. Вот недавно освоил кайтбординг. Катаюсь в Сан-Франциско – там много ветра и воды.

13 преуспевать *hier*: florieren
28 поисковик *(жарг.)* Suchmaschine

Вы чувствуете себя богатым и известным? Привыкли к статусу миллиардера?

Меня, надеюсь, это не очень сильно изменило. Я известен только в некоторых кругах. Я не какая-нибудь кинозвезда.

В чём секрет успеха *Google*? Ведь много компаний успело появиться и исчезнуть.

Мы стали компанией в 1998 году. Как раз в это время компании, которые раньше занимались поиском, решили, что поиск уже не важен. Они все старались стать порталами, в то время как мы сосредоточились на поиске, совершенствуя его. Только за последний год ввели универсальный поиск, когда можно искать не только текст, но и картинки, видео.

То есть в будущем только поиск? Никаких других направлений деятельности?

Почему? Наши деньги вкладываются, к примеру, в энергетические проекты, чтобы производство экологически чистой энергии стало дешевле производства обычной. Наша компания и сама в этом заинтересована, ведь наши компьютеры «пожирают» много энергии.

50 сосредоточиться sich konzentrieren
58 пожирать fressen

По материалам «Аргументы и факты», № 22, 28 мая 2008

Работа над текстом

1 **Найдите в тексте правильный ответ.**

1. а) Сергей Брин дал интервью газете *АиФ* в 2008 году.
   б) Сергей Брин дал интервью газете *Известия* в 2009 году.
   в) Сергей Брин дал интервью газете *Известия* в 2008 году.
2. а) Сергей Брин думает, что возможно было создать свою компанию *Google* и в России.
   б) Ему кажется, что можно создать крупную компанию в России.
   в) Брин хочет создать крупную компанию и в России.
3. а) Поисковик вырос из докторской работы, созданной для города Мэриленда.
   б) *Google* вырос из курсовой работы, созданной для однокурсников.
   в) Поисковик вырос из докторской работы С. Брина и Л. Пейджа – локального поисковика.
4. а) Чтобы снять стресс, Брин ходит в театр.
   б) Чтобы снять стресс, Брин часто занимается виндсёрфингом в Сан-Франциско.
   в) Чтобы снять стресс, Брин ищет разные места, где много ветра и воды.
5. а) *Google* вкладывает деньги в энергетические проекты, чтобы расширялось производство экологически чистой энергии.
   б) Компания вкладывает деньги в энергетические проекты, чтобы экологически чистая энергия стала дешевле обычной.
   в) *Google* субсидирует энергетические проекты, чтобы производство энергии стало дешевле.

2 **Назовите основные биографические факты из жизни Сергея Брина.**

3 **Что ассоциируется у вас со словом *глобализация*? Напишите короткий очерк.**

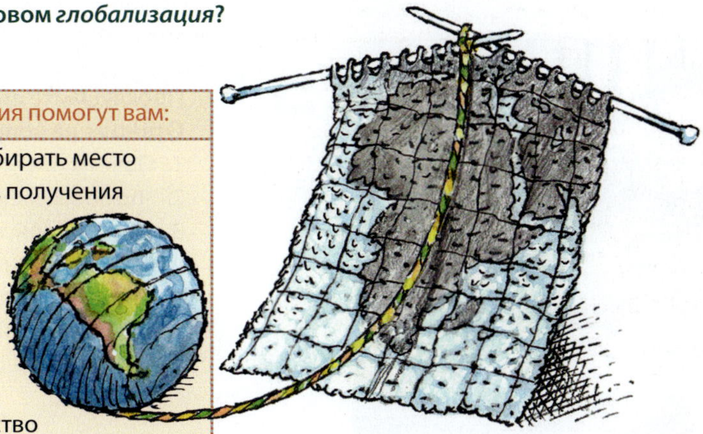

Следующие слова и выражения помогут вам:

- возможность свободно выбирать место жительства (работы, учёбы, получения образования…)
- открытые границы
- унификация ценностей
- интеграция культур
- всемирный рынок
- обмен опытом
- поликультурное пространство
- проблема трудоустройства

4 **Составьте и проинсценируйте диалоги по следующим ситуациям.**

Вы хотите учиться в одном из российских университетов.

1. Вас интересует всё об организации учёбы (нужные документы, плата за учёбу, часы работы библиотеки и читального зала, …).
2. Вы хотите знать, где можно жить (получить комнату в студенческом общежитии или снимать квартиру, обедать, покупать продукты, получить информацию о ценах на различные товары, на городской транспорт, …).
3. Вас интересует всё о студенческой жизни в университете (студенческий клуб, театр, концерт, кино, музеи, спорт).

5 **Как вы представляете себе фирму, в которой вы бы хотели работать?**

Составьте план и расскажите об этом своему русскому другу (русской подруге).

а) Какие отрасли производства, науки или образования вам кажутся наиболее перспективными? Почему? (микробиология, электроника, генная инженерия, гуманитарные науки, психология, нанотехнология, экология, альтернативная энергетика и др.)
б) Хотите ли вы предварительно познакомиться с избранной вами специальностью на практике или хотите сразу же начать обучение в вузе?
в) Принимаете ли вы решение самостоятельно или опираетесь на советы родителей и друзей? Почему?
г) Как вы относитесь к частой смене места работы. Готовы ли вы работать всю жизнь в одной и той же фирме?
д) Могли бы вы себе представить работать за рубежом? Если да, то в какой стране?
е) Что для вас важнее: величина зарплаты или то дело, которым вы будете заниматься? Почему?

6 **Разыграйте сценку. Молодая женщина пришла на собеседование в фирму по производству компьютеров. Охарактеризуйте её поведение и оцените её ответы и её шансы на получение работы. По возможности сделайте фотографии собеседования и подготовьте инструкцию (памятку), как себя нужно вести во время собеседования.**

7 **Прослушайте диалог *Собеседование в русской фирме*. Ответьте на вопросы.**

1. Почему Александр пришёл на собеседование в эту фирму?
2. Что повышает шансы Александра получить хорошую работу?
3. Куда он собирается поступать?
4. Чем будет заниматься Александр?
5. На какую зарплату может рассчитывать Александр?
6. Когда Александр может приступить к работе?
7. Каков режим работы в этой фирме?

Работа над языком

1 **Задайте вопросы к подчёркнутым словам и словосочетаниям.**

1. Сергей Брин уехал из России, когда ему было десять лет.
2. Сергей чувствует себя наполовину русским.
3. Повезло, что я начал заниматься поиском в Интернете.
4. Компании, которые раньше занимались интернетным поиском, решили, что он уже не важен.

2 **Назовите город, в котором живут эти люди.**

Образец москвичи – Москвичи живут в Москве.

волгоградцы, берлинцы, калининградцы, петербуржцы, владивостокцы, гамбуржцы, ярославцы, парижане, пекинцы, минчане, туляки, киевляне, бакинцы, тбилисцы, ереванцы, грайфсвальдцы, лондонцы.

3 **Выпишите из текста предложения, в которых употреблены**

а) возвратные глаголы,
б) глаголы в страдательном залоге.

Назовите инфинитив и переведите предложения на немецкий язык.

4 **Найдите в тексте на стр. 55–56 формы слов *свой* и *сам*. Переведите эти предложения на немецкий язык.**

Образец Там я познакомился со своим будущим партнёром. –
Dort habe ich meinen zukünftigen Partner kennen gelernt.

5 **Опираясь на текст на стр. 55–56 скажите по-русски. Обратите при этом внимание на правильное употребление форм слов *свой/своя/свои* и *его/её/их*.**

1. Sergej Brin spricht über seine Firma. Ihre Mitarbeiter sind gut qualifiziert.
2. Alle Mitarbeiter haben ihre speziellen Aufgaben.
3. Ihre Bezahlung ist gut.
4. Brin spricht nicht gerne über seine Erfolge.
5. Er trifft sich oft mit seinen Freunden, besucht sie in ihren Häusern.
6. Ihre Ideen sind in die Zukunft gerichtet, und sie denken nicht nur an ihren eigenen Gewinn.

Спорт: шоу-бизнес или самореализация?

Глобализация характеризуется прежде всего как власть капитала, который не знает границ. И спорт стал общемировым бизнесом. Каждый день мы читаем о том, что, например, какой-то клуб продаёт или покупает иностранного спортсмена за большие деньги, и что торгуют спортивными звёздами как на базаре. Кто больше заплатит, тот и становится владельцем звезды.

В поисках лучшего заработка или возможности выступить на крупных международных соревнованиях многие спортсмены и тренеры с лёгкостью меняют спортивные знамёна, а иногда и паспорта. Отношение к спортивной глобализации в мире разное: есть у неё свои сторонники и противники. Но без неё современный профессиональный спорт уже невозможен. Кто же в будущем сможет представить себе *Бундеслигу* без иностранных игроков? Или команды *Формулы 1* не в международном составе?

Так, впервые в истории современного олимпийского движения за сборную России по баскетболу на Олимпиаде в Пекине выступали сразу два американских спортсмена. Для этого они даже сменили американские паспорта на российские. Ситуацию комментирует известный спортивный журналист и тренер Эдуард Лучин: «Для современного спорта такие переходы спортсменов далеко не новость. Например, известный кенийский бегун Бернар Лагат, завоевавший на Олимпиаде 2004 года серебро, в Пекине выступал уже под американским флагом. Я знаю многих выдающихся спортсменов, которые мечтали попасть на Олимпиаду. Но мечта эта для них так и осталась неосуществимой – они не смогли попасть в состав национальной сборной». Из 68 спортсменов, которые на Олимпиаде в Пекине представляли Турцию, 11 – выходцы из союзных республик бывшего СССР. В частности, трое украинских пловцов даже сменили свои прежние славянские фамилии на турецкие. Многие в этом видят нормальную мировую практику. Немало американских, канадских, европейских команд состоят из одних легионеров. Хорошо это или плохо?

Ответить однозначно на этот вопрос сложно. Конечно, «легионерство» разрушает национальное единство спортивных команд. Но зато на Олимпийских играх можно увидеть действительно сильнейших спортсменов, что повышает результативность спорта.

Да и почему, собственно, спорт должен отличаться от других сфер? Ведь и художники, и композиторы, и артисты могут менять гражданство, чтобы преуспеть и добиться всемирного признания, а спортсмены – нет? Это совершенно нормально, если это идёт на благо спорту и спортсмену.

27 пловец Schwimmer

Работа над текстом

1 **Ответьте на вопросы.**

1. Какая проблема поднимается в тексте?
2. Почему глобализация здесь прямо связывается со спортом?
3. Почему, по мнению автора, многие спортсмены и тренеры меняют гражданство?
4. К каким последствиям ведёт глобализация в спорте?
5. В каких случаях автор текста считает выступление иностранцев в национальной команде совершенно нормальным?

2 **Придумайте заголовки, которые передают основные идеи текста. Подберите к ним ключевые слова.**

П **3** **Можно ли считать переезд популярного спортсмена в другую страну предательством? Могут ли легионеры стать настоящими патриотами той страны, за спортивную честь которой они выступают? Проведите дискуссию.**
Участники дискуссии: спортсмен, тренер, политик, болельщик, преуспевающий бизнесмен.

P Для выражения вашего мнения пользуйтесь речевыми оборотами на стр. 150.

4 **Журналист немецкой газеты берёт интервью у русской 18-летней гимнастки. Помогите им понять друг друга.**

Журналист: Tatjana, wann haben Sie mit dem Turnen angefangen?
Татьяна: Это было желание мамы. Она хотела, чтобы я стала звездой гимнастики. Она меня совсем маленькой, в 5 лет, записала в секцию по спортивной гимнастике.
Журналист: Das war die Mutter. Aber hat Ihnen persönlich der Sport gefallen?
Татьяна: Сначала не очень. Мне, как любому ребёнку, хотелось сладостей, гулять, играть с детьми. Но я должна была 4 раза в неделю тренироваться, отказываться от вкусной еды.
Журналист: Hatte Ihr Training Einfluss auf Ihre schulischen Leistungen?
Татьяна: Не могу однозначно ответить. С одной стороны, явно не хватало времени на уроки, а с другой стороны – спорт укрепляет силу воли.
Журналист: Wie stellen Sie sich Ihre Zukunft nach dem Leistungssport vor?
Татьяна: На самом деле у меня не так много перспектив. Наверное, поступлю в университет, хочу стать тренером. И, конечно же, хочу иметь семью.
Журналист: Ich wünsche Ihnen viel Erfolg. Vielen Dank für das Interview.

П **5** **Известно, что бывший чемпион мира по бодибилдингу Шварценеггер стал звездой Голливуда, а потом губернатором Калифорнии. Типична ли, по-вашему, такая карьера для спортсмена? Какие черты характера спортсменов, которые сформировались во время занятий спортом, помогут в их постспортивной карьере?**

P Для характеристики человека пользуйтесь речевыми оборотами на стр. 144.

6 **Как вы считаете: должен ли спорт подчиняться политике?**
Проведите дискуссию на тему *Спорт и политика*. Факты, названные ниже, могут вам помочь.

1. Зависит ли спорт от политики?
2. Должны ли спортсмены участвовать в политических движениях?
3. Могут ли спортсмены занимать высокие административные должности?
4. Нуждается ли профессиональный спорт в государственной поддержке?
5. Должны ли спортсмены пропагандировать политические идеи?
6. Влияет ли политический имидж страны на престиж её спортсменов?

Джесси Оуэнс

Берлин – 1936: успех темнокожего американца Джесси Оуэнса нанёс ощутимый удар по нацистской вере в арийское превосходство.

Мехико –1968: протесты против войны во Вьетнаме и в поддержку движения за гражданские права.

Мюнхен – 1972: палестинские боевики взяли в заложники израильских спортсменов. В ходе операции по их освобождению 11 олимпийцев, пять экстремистов и один полицейский убиты. Игры продолжены.

Монреаль – 1976: 26 африканских стран объявили Олимпиаде бойкот за то, что Международный Олимпийский Комитет не наказал Новую Зеландию, чья сборная по регби поехала в турне по ЮАР, где правил апартеид.

Москва – 1980: После неудачной попытки президента США Картера перенести Игры из Москвы – 65 стран в знак протеста против ввода советских войск в Афганистан не приехали в СССР.

Афины –2004: Греция готовится к возможному террористическому нападению, держа наготове войска биологической и химической защиты.

П **7** **Как вы понимаете древнюю латинскую пословицу и её шутливую поэтическую переделку?**

Р Для объяснения пословицы пользуйтесь речевыми оборотами на стр. 146.

В здоровом теле – здоровый дух.

На самом деле – одно из двух.

8 **Прослушайте рассказ о певице Анне Нетребко. Ответьте на вопросы.**

1. В каком городе начала выступать на сцене Анна Нетребко?
2. Куда она уехала после окончания школы?
3. Почему Анна решила работать уборщицей в театре?
4. Победа в каком конкурсе привела Анну Нетребко в труппу Мариинского театра?
5. Где состоялось её первое зарубежное выступление?
6. Какое гражданство получила Анна Нетребко?

Анна Нетребко

9 **Как вы думаете, почему сказано, что талант А. Нетребко принадлежит всему миру?**

Работа над языком

1 **От каких существительных образованы прилагательные? Употребите существительные в словосочетаниях или предложениях.**

Образец зимний – зима; Зима – прекрасное время для катания на лыжах.

атлетический, спортивный, летний, водный, парусный, лыжный, снежный, ледовый, шахматный, санный

2 **Преобразуйте глаголы в составе словосочетаний, стоящие в прошедшем времени, в форму настоящего времени. Назовите их исходную инфинитивную форму.**

Образец занималась спортом; занимается спортом – заниматься спортом

– выступал за Россию
– мечтал об Олимпийских играх
– завоевали первое место
– команды состояли из легионеров
– допинг повысил результативность спортсмена
– спортсмен добился всемирного признания

3 **Употребите нужную грамматическую форму имени и фамилии в предложениях.**

Андрей Аршавин

Все российские болельщики восхищались игрой (Андрей Аршавин, Людмила Степанова, Константин Сидоренко).

Ольга Кужела

После олимпиады болельщики писали письма (Ольга Кужела, Валерий Борчик, Татьяна Лебедева, Марина Шаинова).

Алексей Иванов

Друзья поздравили с победой (Алексей Иванов, Ирина Фёдорова, Антонина Алексеенко).

Нина Андреева

Весь наш класс гордится (Пётр Бухаркин, Нина Андреева, Зоя Смолякова, Виолетта Мокиенко), которые победили на городской олимпиаде по математике.

Татьяна Дядечко

По телевидению была интересная передача о (Владимир Гуторов, Анна Касабова, Пётр Рыбалко, Татьяна Дядечко).

4 **Замените причастную форму прошедшего времени страдательного залога на глагол в действительном залоге.**

Образец Рекорд был установлен спортсменом.
Спортсмен установил рекорд.

1. 200 км трассы была преодолена велосипедистом.
2. Высокое мастерство было продемонстрировано гимнастом.
3. Самый лучший результат был показан русским марафонцем.
4. Медицинской комиссией было установлено, что лыжник принял допинг.
5. Чемпионат мира по баскетболу был проведён Международной баскетбольной ассоциацией в Москве.
6. Хоккеист был приглашён американским тренером в сборную команду.

5 **Найдите к существительным подходящие прилагательные и назовите вид спорта.**

Образец лёгкая атлетика

настольный	плавание
подводное	танцы
фигурное	гонки
лыжные	гимнастика
художественная	катание
спортивные	теннис

6 **Закончите диалоги. Употребите при этом отрицательные конструкции.**

Образец – Алёша, ты занимаешься спортом?
– К сожалению, у меня нет (время) времени.

а) – Маша, пойдём на соревнование.
– С удовольствием бы, но у меня (билет).

б) – Я не знаю слово «аэробный».
– Надо посмотреть в словаре.
– Конечно, но у меня (словарь).

в) – Петя, я тебе советую прочитать *Оду спорту* Пьера де Кубертена.
– Да, я слышал. Что это очень интересно, но у меня (книга).

г) – Клаудия, ты идёшь заниматься аэробикой?
– К сожалению, сегодня у меня (спортивный костюм).

д) – Володя, прослушай эту мелодию.
– К сожалению, у меня (плеер).

От Амура до Урала

1 **Что вы уже знаете о России, о её территории, населении, экологии?**
а) **Перечислите города, реки, озёра и моря России, которые вы знаете.**
б) **Чем богата Россия? Назовите её основные природные ресурсы.**

2 **Какие ассоциации вызывает у вас понятие *Евразия*? Какие географические, климатические и этнические особенности этого континента вы могли бы назвать?**

3 **Угадайте.**
1. Какая российская река является самой большой в мире среди рек, не впадающих в Мировой океан? (Лена, Волга, Нева)
2. В России наибольшее количество озёр. Сколько их? (200, 700, более 1 млн.)
3. Какое российское озеро самое глубокое и самое старое в мире? (Таймыр, Байкал, Ладожское)
4. Россию омывает самое большое в мире количество морей. Сколько же их всего? (10, 13, 21)
5. У России самое большое в мире число стран-соседей. Сколько? (9, 16, 30 стран)
6. В Сибири самая большая разница температур на Земле. Какая? (от –40 до +50°C, от –50 до +40°C, от –70 до +40°C)
7. Транссибирская железнодорожная магистраль самая длинная в мире (9 288 км). Как вы думаете, сколько дней длится поездка по всему маршруту? (6, 10, 18 дней)

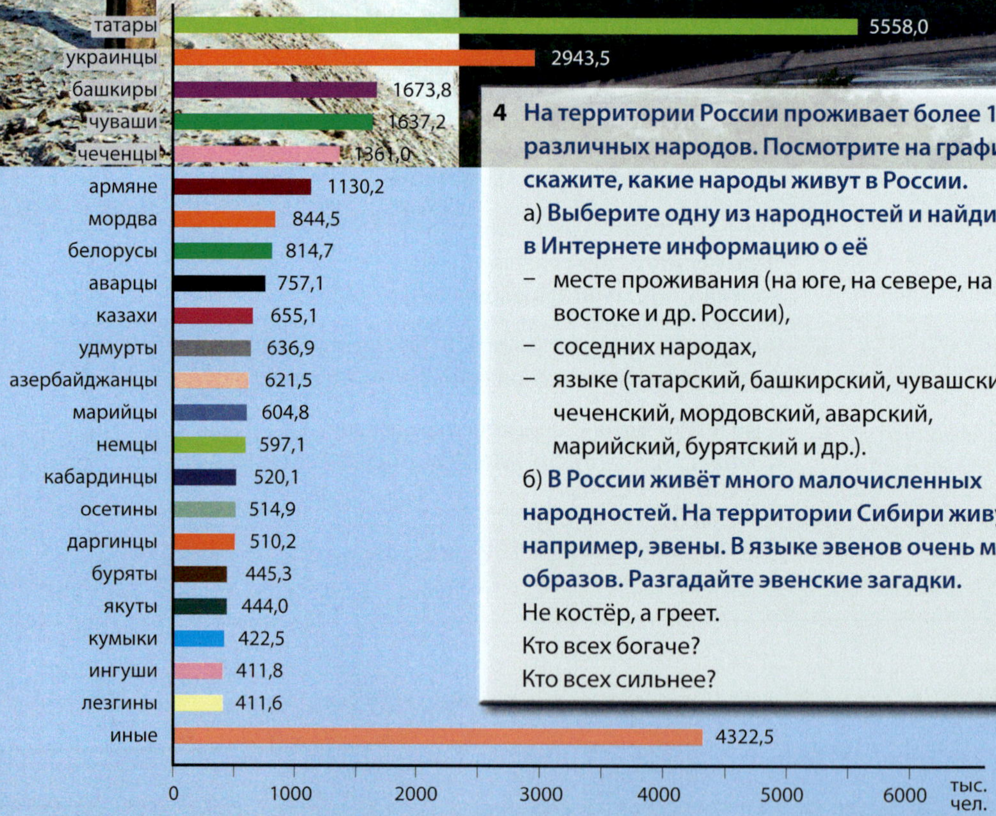

4 **На территории России проживает более 150 различных народов. Посмотрите на график и скажите, какие народы живут в России.**
а) **Выберите одну из народностей и найдите в Интернете информацию о её**
– месте проживания (на юге, на севере, на юго-востоке и др. России),
– соседних народах,
– языке (татарский, башкирский, чувашский, чеченский, мордовский, аварский, марийский, бурятский и др.).

б) **В России живёт много малочисленных народностей. На территории Сибири живут, например, эвены. В языке эвенов очень много образов. Разгадайте эвенские загадки.**
Не костёр, а греет.
Кто всех богаче?
Кто всех сильнее?

5 Прочитайте отрывки из стихотворения Сергея Викулова.

В глазах России много сини
озёрной и голубизны небесной…
В мире нет красивей
и нет бессоннее страны. […]

Смежив одно устало око,
когда над ним луна взойдёт,
она немедленно широко
другое к солнцу распахнёт.

а) **Какими словами описывает Россию поэт?**
б) **Как вы понимаете выражения: *в глазах России много сини* и *бессонная страна*. Скажите это по-другому.**

Россия между Европой и Азией

Сколько в России азиатского, а сколько европейского? Этот вопрос занимает многих. Газета *Известия* решила выяснить у экспертов: Россия – европейская страна?

Александр Дугин, лидер международного Евразийского движения Россия – не европейская страна. […] Она сочетает в себе элементы восточных и европейских тенденций […]. Следовательно, Россия есть страна евразийская и представляет собой самобытную цивилизацию. Её надо сравнивать не с Францией, Германией, Ираком или Турцией. Россию надо сравнивать с самой Европой или с Индией как с цивилизацией.

Александр Кабаков, писатель Россия – страна европейская, потому что она находится в Европе и относится к ней уже очень давно, ещё со времён Петра Великого. Конечно же, мы европейцы: у нас также христианская религия, европейские культура и цивилизация. Хотя, наверное, мы всё-таки евразийцы, и в этом смысле отличаемся от других. Но и в Европе есть разные страны: латинские, скандинавские, англосаксонские, они тоже все друг от друга отличаются. В принципе ни одна европейская страна не может быть рассмотрена по всем параметрам как европейская.

Джери К. Калмес, вице-президент ОАО «ВымпелКом» Отчасти Россия – европейская страна […]. Большая часть российского населения живёт в европейской части, к западу от Урала. Так же, когда мы говорим о европейских политических лидерах, Владимир Путин, безусловно, – в их числе. И несмотря на это, просто назвать Россию европейской страной – значит, не заметить её особенных отличий: её силу, её размер, её очарование, её характер. Вкратце, Россия немного европейская, немного – азиатская, а для меня Россия – российская.

Петер Фишер, журналист Географически – конечно, европейская. В Европе проживает основная часть населения страны. Россия в большой степени интегрирована в общеевропейскую экономику и культуру. Но есть и различия – чувствуется влияние Азии. Россия – страна с традициями, которые не очень хорошо известны и понятны в Западной Европе. Не все ключевые ценности стран Евросоюза – такие, как индивидуальные свободы, демократические ценности – отражены в российских традициях […].

Александр Болотов, гражданин России Есть в нашей стране города, которые […] стараются выглядеть по-европейски. В первую очередь это, конечно, Москва и Питер. И в крупных провинциальных городах есть вкрапления европейского стиля жизни: это и на европейский манер вымощенные улицы, и отреставрированные дома, и магазины […]. Но, на мой взгляд, пока это только «обёртка». Стоит шагнуть в сторону от центральных улиц – видишь привычную картину запустения: грязь, развороченные мусорки, изломанные лавки и т. д. […].

Кристина Шмидт, ученица 12-го класса Россия – самая большая страна в мире. Это я знаю из урока географии. Так как она расположена на двух континентах – Европе и Азии – она евроазиатская страна. Часть России, которая расположена к западу от Урала, является европейской, а та часть, которая находится к востоку от Урала – азиатской.

По материалам газеты «Известия», 22 апреля 2006

15 ОАО открытое акционерное общество
32 вымощенный gepflastert

Работа над текстом

1 **Ответьте на вопросы.**

1. Почему Александр Дугин считает, что Россию нельзя сравнивать с Францией, Германией, Ираком и Турцией?
2. Вследствие чего, по мнению Александра Кабакова, Россия является европейской страной ещё с конца XVII-го века?
3. По какой причине Джери Калмес называет Россию «российской»?
4. Что заставило Петера Фишера сомневаться, что Россия сможет интегрироваться в европейскую культуру?
5. На каком основании Александр Болотов говорит, что Россия постепенно европеизируется?
6. Почему Кристина Шмидт считает Россию евро-азиатской страной?

2 **Перечислите факты, которые подтверждают, что Россия является европейской страной.**

3 **А какой страной вы считаете Россию? Выскажите своё мнение.**

П **4** **Организуйте в классе конференцию на тему *Россия – европейская или азиатская страна?*.**
Распределите роли между участниками конференции: А. Кабаков, П. Фишер, А. Болотов, а также немецкий политик, российская школьница, журналисты и ведущий конференции.

Вы можете воспользоваться следующими вопросами.

1. Откуда вы?
2. Чем вы занимаетесь?
3. Где вы родились?
4. Где вы учились?
5. Вы жили в России? Как долго и где?
6. Какой страной вы считаете Россию? Почему?

P Для дискуссии пользуйтесь речевыми оборотами на стр. 149.

П **5** **Попробуйте себя в роли репортёра. Спросите своих знакомых, какой они видят Россию. Подведите итоги опроса и сделайте презентацию в классе.**

P Для презентации пользуйтесь речевыми оборотами на стр. 147.

П **6** **Составьте коллажи на следующие темы.**
Группа 1: Европейское в России
Группа 2: Российское в Европе

Используйте для этого фотографии, картинки и статистику.
Устройте в классе презентацию ваших коллажей.

P Для презентации пользуйтесь речевыми оборотами на стр. 147.

Работа над языком

1 **Найдите в тексте прилагательные, образованные от следующих существительных и составьте с ними предложения.**

Европа · Азия · Россия · восток · провинция · привычка

2 **Разбейте сложные слова на отдельные компоненты. Что они означают?**

- северо-восток
- юго-запад
- юго-восток
- Евразия
- англосаксонский
- общеевропейский
- южноафриканский
- Евросоюз

3 **Найдите в тексте интернационализмы. Назовите соответствующие слова из других языков.**

Образец цивилизация – Zivilisation (*нем.*); civilisation (*англ.*); civilizaciòn (*исп.*).

4 **Прочитайте предложения, употребляя глагол с частицей *–ся* или без неё.**

1. Россия не входит(?) в Европейский союз, но являет(?) его важным партнёром.
2. Азиатская часть России находит(?) на востоке от Урала.
3. Россия представляет(?) собой самобытную цивилизацию.
4. Многие города России стараают(?) выглядеть по-европейски.
5. Политики встречают(?) на конференциях.

5 **Выберите из текста на стр. 76 ответ одного из экспертов. Перескажите его (её) мнение, преобразуя прямую речь в косвенную.**

Используйте для этого следующие выражения:

- он/она хочет, чтобы …
- по его/её мнению, …
- он/она утверждает, что …
- он/она считает …
- он/она сомневается …

Попутчики на Транссибе

Ученик 13-го класса из Берлина рассказывает в журнале *По свету* о своём путешествии по Транссибирской магистрали.

Поезд, который везёт меня 5191 километр от Иркутска до Москвы, едет три дня и три ночи и ещё целых тринадцать часов. Это только часть Транссиба. Транссиб начинается в Москве и кончается во Владивостоке. От Москвы до Владивостока можно проехать за шесть с половиной дней расстояние 9288 километров. [...]

Я слышал, что строительство этой железной дороги было начато в 1891 году во Владивостоке в присутствии царя Николая Второго. А через 25 лет строительство дороги было завершено. Её основными строителями были ссыльные и заключённые сибирских тюрем. Невероятно тяжёлые условия труда и суровый сибирский климат свели многих из них в могилу.

Транссиб связывает Европу с Сибирью, Китаем и Японией. По нему перевозится всё: от ракет и танков до автобусов, продовольствия и горючего. Для россиян это нормальный вид транспорта, которым они пользуются для поездки к родным и друзьям. [...] Для иностранцев, решившихся на кругосветное путешествие, Транссиб – обязательный пункт программы.

Семь таких иностранцев едут со мной в поезде до Новосибирска. Русские пассажиры с удовольствием приглашают их в свои купе. При этом никому не удаётся увильнуть от выпивки «за дружбу» и «за здоровье». В один прекрасный день в купе, рассчитанном на четверых, сидят уже одиннадцать человек восьми национальностей. Молодая русская женщина с маленьким сыном, русский парень, грузин с золотыми зубами, супруги из Голландии, американец, француз, швейцарец, литовец и его друг – немец из Берлина, то есть я. [...]

Продукты питания пассажиры могут купить себе во время стоянок поезда. На вокзалах множество киосков, вдоль вагонов бегают женщины, предлагая пассажирам всё: овощи, фрукты, хлеб, колбасу, мясо, кефир и пирожки. Некоторые старушки приспособили для этого детские коляски. Это их дополнительный заработок.

[...] Стоянка длится обычно минут 20. Потом машинист даёт два предупредительных гудка, и поезд медленно набирает скорость. Так медленно, что зазевавшиеся пассажиры ещё успевают вскочить на подножку одного из вагонов. [...]

В каждом вагоне работают два проводника. Они бессменно всю дорогу едут с нами. Маленькое купе на двоих – это и есть их дом все эти дни. По российским меркам они хорошо зарабатывают. Проводники [...] отвечают за порядок в вагоне: они чистят туалеты, моют окна, два раза в день пылесосят ковровые дорожки, следят за тем, чтобы в самоваре постоянно была горячая кипячёная вода. Каждый пассажир может в любое время сам заварить себе чай или кофе.

Пить чай и смотреть в окно – два главных занятия во время поездки по Транссибу. [...]

8 ссыльный Verbannter
10 свести в могилу ins Grab bringen
20 увильнуть ausweichen
35 зазеваться gaffen
36 подножка поезда Trittbrett

В поезде можно вести разговоры не только с постоянно меняющимися соседями по купе. Многие, чтобы скоротать время, гуляют по всем вагонам и ищут себе собеседников. Иностранцы собираются чаще всего вместе. Для многих из них объясниться по-английски проще, чем искать нужные русские слова, разговаривая с русскими. У каждого из них свои планы, которые привели их на Транссиб. [...]

Ну вот и 85 часов дороги от Иркутска до Москвы подходят к концу. Мы приближаемся к столице России. Мои попутчики не суетятся. Многие из них начинают неторопливо переодеваться, менять свои удобные халаты и спортивные костюмы, в которых они ехали всю дорогу, на модные платья, брюки и пиджаки, домашние тапочки – на туфли на каблуках.

Поезд останавливается. Мои попутчики выходят из вагонов и прощаются. Дальше у каждого свой путь.

По материалам журнала «По свету»

Работа над текстом

1 **Правильно или неправильно?**

1. Транссиб проходит от Москвы до Иркутска.
2. Транссиб используется только для перевозки пассажиров.
3. После стоянки поезд быстро набирает ход.
4. Проводники отвечают только за порядок в поезде.
5. В поезде нельзя заходить в купе других пассажиров.

2 **Ответьте на вопросы.**

1. Откуда рассказчик?
2. С кем он путешествует?
3. Какое расстояние проезжает поезд от Москвы до Владивостока?
4. Когда началось и когда закончилось строительство Транссиба?
5. Какие страны связывает Транссиб?
6. Для чего он используется?
7. В чём заключается работа проводников в поезде?
8. Чем можно заниматься во время поездки на поезде?
9. Сколько дней длится путешествие от Иркутска до Москвы?
10. Чем отличается поездка на Транссибе от поездок по другим железным дорогам?

3 **Передайте главное содержание текста по следующим пунктам: география Транссиба, история Транссиба, поездка на поезде.**

4 **Спланируйте поездку с классом на Транссибе из Москвы во Владивосток. Найдите нужную вам информацию в Интернете.**

1. Сколько стоит билет на одно место в плацкартном, купейном и спальном вагоне?
2. Где можно купить билеты?
3. С какого пути отправляется поезд?
4. Сколько времени длится стоянка поезда на крупных станциях?
5. Сколько часов вы будете в пути?

5 **Разыграйте в классе сценку в поезде. Расскажите, откуда вы, почему вы едете на поезде, куда вы едете, почему вам нравится путешествие по Транссибу.**

Действующие лица:

- ученик из Германии
- семья из Красноярска
- проводник
- сосед по купе
- люди разных национальностей (например, американцы, французы, литовцы, голландцы)

6 **Проследите по карте маршрут следования Транссиба и ответьте на вопросы.**

1. Какова протяжённость Транссиба?
2. Через какие большие города проходит эта железная дорога?
3. Какие из этих городов расположены в европейской, а какие в азиатской части?
4. Какие реки и озёра пересекает Транссиб на своём пути?

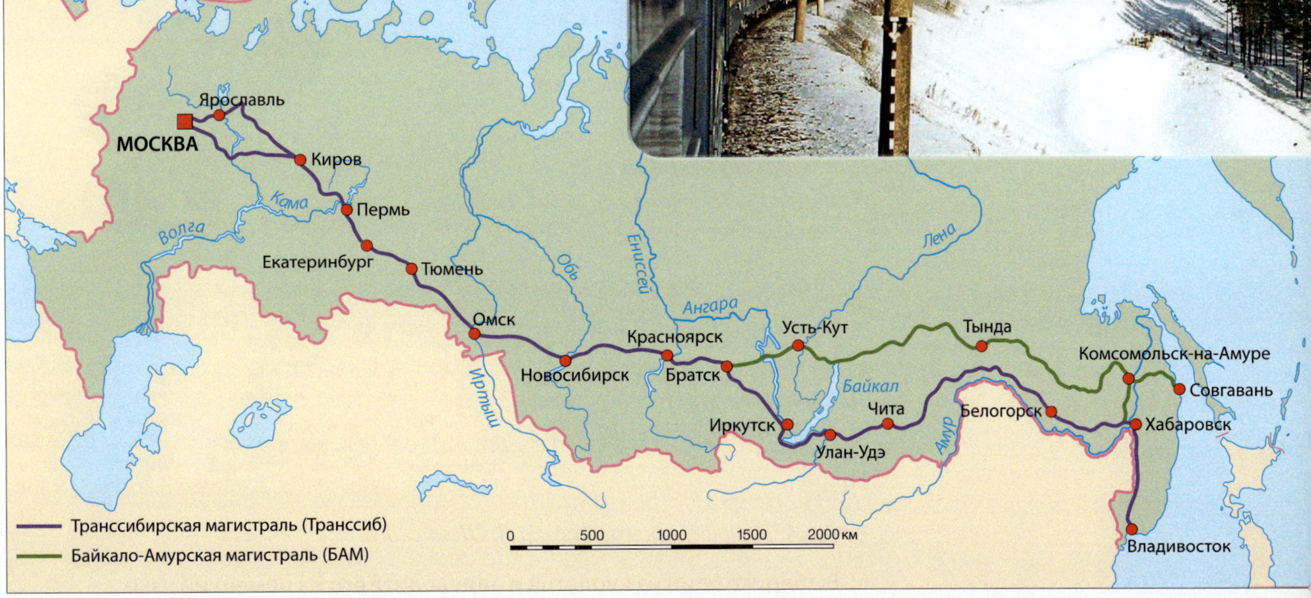

7 **Вы звоните в справочную службу Ярославского вокзала Москвы, чтобы узнать, по каким дням и в какое время отправляются поезда во Владивосток. Разыграйте телефонный разговор.**

поезд	Дни	Время отправления	Время прибытия	Время в пути	Станция отправления	Станция назначения
001М «Россия» пассажирский	Неч.[1]	14:52	17:58	6 д 3 ч 6 м	Москва *Ярославская*	Владивосток
239Э скорый	Неч.	20:40	11:03	6 д 14 ч 23 м	Москва *Ярославская*	Владивосток

Ярославский вокзал в Москве – начало Транссиба

1 неч. по нечётным дням, например, 1, 3, 5

8 **В поезде русские часто поют песню *Голубой вагон*.**

а) **Прослушайте песню и спойте её всем классом.**

Медленно минуты уплывают вдаль,
Встречи с ними ты уже не жди.
И хотя нам прошлого немного жаль,
Лучшее, конечно, впереди!

Припев:
Скатертью, скатертью дальний путь стелется
И упирается прямо в небосклон.
Каждому, каждому в лучшее верится,
Катится, катится голубой вагон.

Может, мы обидели кого-то зря –
Календарь закроет этот лист.
К новым приключениям спешим, друзья,
Эй, прибавь-ка ходу, машинист!

Припев

Голубой вагон бежит-качается,
Скорый поезд набирает ход.
Ну, зачем же этот день кончается?
Пусть бы он тянулся целый год!

Припев

Слова А. Тимофеевского, музыка В. Шаинского

б) **Выберите один из куплетов и переведите его на немецкий язык.**

Работа над языком

1 **Российские пассажиры с удовольствием приглашают иностранцев в свои купе. При этом никому не удаётся увильнуть от выпивки «за дружбу». Перед тем, как выпить, россияне всегда произносят тосты. Произнесите тосты.**

Давайте выпьем за … (наше знакомство, незабываемая встреча и др.)
Предлагаю тост за … (крепкое здоровье, наша дружба, весёлое путешествие и др.)

Вокзал во Владивостоке – конец Транссиба

2 **Найдите немецкие эквиваленты русских выражений. Составьте с русскими выражениями предложения.**

- тяжёлые условия труда
- увильнуть от выпивки
- во время стоянок поезда
- вести разговоры
- скоротать время
- купе на двоих
- давать два предупредительных сигнала
- заваривать чай
- решиться на кругосветное путешествие
- искать собеседников

3 **Определите вид причастия. Переведите предложения на немецкий язык.**

1. Строительство железной дороги было начато в 1891 году во Владивостоке в присутствии царя Николая Второго.
2. Через 25 лет строительство дороги было завершено.
3. Для иностранцев, решившихся на кругосветное путешествие, Транссиб – обязательный пункт программы.
4. Поезд набирает скорость так медленно, что зазевавшиеся пассажиры ещё успевают вскочить на подножку одного из вагонов.
5. В один прекрасный день в купе, рассчитанном на четверых, сидят уже одиннадцать человек восьми национальностей.
6. В поезде можно вести разговоры не только с постоянно меняющимися соседями по купе.

4 **Преобразуйте предложения с причастиями из упражнения 3, употребляя относительное местоимение *который*.**

Образец В письме, написанном учеником, речь идёт о Транссибе.
В письме, которое написал ученик, речь идёт о Транссибе.

5 **Найдите в тексте на стр. 79–80 возвратные глаголы и составьте с ними предложения.**

6 **Выберите правильный глагол и поставьте его в правильной грамматической форме.**

1. Наше путешествие (кончаться, кончать) в Москве.
2. Транссиб (перевозить, перевозиться) не только людей, но и ракеты и горючее.
3. Люди (использовать, пользоваться) этим видом транспорта, чтобы навестить родных в другой части страны.
4. Соседка по купе (объяснять, объясняться) мне, на каких станциях наш поезд (останавливать, останавливаться).
5. Иностранцы чаще всего (собирать, собираться) вместе.
6. Я (прощать, прощаться) со своими новыми друзьями.

Путешествия на благо природе

Ростральная колонна во Владивостоке

Чудеса дикой природы – излюбленная цель маршрутов миллионов путешественников. Эта новая форма путешествия получила название экотуризма. Этот термин был введён мексиканским экономистом-экологом Гектором Цебаллос-Ласкурья в 1980 году.

Ученики 11-го класса средней школы № 157 г. Владивостока написали письмо-приглашение своим друзьям из Бремена и рассказали в нём об экологическом туризме в России.

г. Владивосток, 10. 09. 2010

Дорогие наши друзья!

Мы хотели бы ещё раз поблагодарить вас за гостеприимство! Мы вернулись во Владивосток под большим впечатлением. В памяти у нас останутся наши совместные уроки, походы в Альпы и, конечно же, классные вечеринки! Поездка к вам натолкнула нас на мысль разработать экологический проект. Вы, наверное, помните, как мы беседовали об экотуризме и о том, что он предотвращает негативное воздействие на экологию и побуждает туроператоров и туристов содействовать охране природы и социально-экономическому развитию региона.

Наш проект будет проходить в два этапа: первый этап – теория. На уроках географии мы пройдём теоретический курс о природе родного края. Наш преподаватель пригласит на урок своих знакомых путешественников и директора местного заповедника. Они расскажут нам о красивейших уголках нашего края. Второй этап – это, конечно же, практика. Поэтому летом, в августе следующего года, мы планируем совершить поход всем классом в Приморский национальный парк. Мы приглашаем вас совершить вместе с нами этот экологический поход. Наш поход продлится неделю, но мы попытаемся показать вам самые красивые, на наш взгляд, места нашего края.

Может быть, вы знаете, что Приморский край является одним из наиболее богатых регионов Земного шара и не имеет равных в России по количеству видов фауны и флоры. Вы только представьте себе, что площадь Приморского национального парка занимает более 82 тысячи гектаров тайги! Она включает в себя часть хребта Сихотэ-Алинь, верховья рек Уссури, Милоградовки и Киевки, одну из красивейших гор края – Сестру и самую высокую гору Приморья – Облачную, которая очень популярна среди таких, как мы, экотуристов.

Нам очень хотелось бы пройти с вами по экологической тропе в районе посёлка Барабаш, со ступеньками, перилами и скамейками для отдыха. А также постоять у крупнейшего в крае Милоградовского каскада водопадов, попробовать воду из минеральных источников, увидеть столетние кедровые леса и многое-многое другое.

К сожалению, за последние 10 – 15 лет

7 предотвращать
abwenden

экосистема нашего края очень быстро разрушается. Например, из-за того, что плохо контролируется использование леса, и работа лесничих сводится к выдаче разрешительных документов, мы наблюдаем не только рост коррупции, но и вымирание леса, а также исчезновение многих видов животных. Сегодня в Красную Книгу занесены 283 вида фауны и 343 вида флоры.

Но именно поэтому мы очень рады, что в России выделяются большие участки территории под заповедники и национальные парки. Мы считаем, что в скором будущем Россия с её богатейшим природным наследием может стать одной из наиболее привлекательных стран для экологического туризма. Молодёжь всё больше и больше привлекает так называемый «дикий отдых». Летом многие наши друзья отправляются в длительные путешествия с палаткой. В качестве транспорта они выбирают не автобусы, поезда и самолёты, а велосипеды, лодки или даже лошадей.

Мы будем очень рады, если вы приедете к нам. Амурского тигра мы, возможно, и не увидим, но большой костёр, песни под гитару, ужин, приготовленный на костре, и купание в горной речке мы вам обещаем! Ждём вас. До встречи.

Ваши друзья из Владика

Работа над текстом

1 **Ответьте на вопросы.**

1. С какой целью ученики из Владивостока написали это письмо?
2. Почему ученики из Владивостока работают над экологическим проектом?
3. Какие два этапа проекта запланировали школьники из Владивостока?
4. Почему развитие экотуризма актуально в настоящее время?
5. Чем Приморский национальный парк привлекает экотуристов?
6. Чем экотурист отличается от обычного туриста?

2 **Почему Россия является идеальным местом для развития экотуризма? Назовите причины, используя информацию из текста и Интернета.**

3 **Разделите текст на смысловые части и найдите заглавия для этих частей.**

4 **Представьте себе, вы – ученики из Владивостока. Для осуществления вашего экологического проекта вам нужно найти как можно больше экотуристов. Придумайте рекламу.**

Следующие выражения вам помогут:

- загрязнение окружающей среды
- хищническое истребление редких видов животных
- выброс углекислого газа в атмосферу
- утилизировать мусор
- отравлять реки и озёра
- вымирание редких видов животных
- быть в большой опасности
- кислотные дожди
- потепление климата
- создавать национальные парки/ заповедники/ фонды дикой природы
- содействовать охране природы
- работать над экологическими проектами
- вырубать леса
- беречь и охранять природу
- заниматься экотуризмом
- беспокоиться о будущем
- бережно обходиться с природными ресурсами

5 **Представьте себе, что вы всем классом решили отправиться в экопутешествие.**

а) **Для подготовки к путешествию ответьте на следующие вопросы.**

1. Почему вы предпочитаете экопутешествие, а не поездку на машине?
2. Куда бы вы хотели пойти в поход? Почему?
3. Какие уголки природы вы хотели бы увидеть?
4. Сколько денег вы готовы потратить на данное путешествие?
5. Когда и насколько дней вы сможете поехать?
6. Как вы переносите жару и холод?
7. Любите ли вы риск?
8. Хотите ли вы путешествовать в одиночку или с группой?
9. С какой группой по количеству и составу вы хотели бы путешествовать?
10. Каким транспортом вы хотите воспользоваться, чтобы попасть в нужное место?

Один из участников группы должен представить результаты вашей подготовки в классе.

б) **Какие вещи вам необходимы для похода? Напишите список этих вещей.**

6 **Ученики из Владивостока звонят школьникам из Бремена, чтобы задать несколько вопросов. Прослушайте их телефонный разговор. Ответьте на вопросы.**

1. Почему ученики из Владивостока звонят ученикам из Бремена?
2. Какие документы требуют в консульстве?
3. Какой план путешествия у учеников из Бремена?
4. Когда приезжают ученики из Бремена во Владивосток?
5. Какого числа они вылетают обратно в Гамбург?
6. Какая проблема у учеников из Бремена?

7 **Ответьте на письмо учеников из Владивостока. Для планирования путешествия вам необходимо задать им несколько вопросов.**

Эти слова вам помогут:

- погода
- экскурсовод
- деньги
- карта местности
- квартира
- возможность посещения уроков

8 **Прочитайте объявление и передайте его главное содержание по-немецки.**

Сдаю

Сдаю в аренду меблированный домик для гостей на длительный срок. Три комнаты. Всё необходимое имеется. Домик расположен в 10 минутах от исторического центра Владивостока, вблизи краеведческого музея. Оплата 8000 руб. в месяц. Торг уместен.

Телефон: 286147 **Тамара**.

П **9** **Существует ли экотуризм в Германии? Обсудите.**

Р Для выражения своего мнения пользуйтесь речевыми оборотами на стр. 150.

10 **Найдите в Интернете информацию о заповедниках России. Сравните их с заповедниками Германии и других стран.**

1. Где расположены эти заповедники?
2. Почему эти заповедники созданы именно в этой части России?
3. Что особенного в этих заповедниках?

П **11** **Какие животные и растения стоят под охраной в заповедниках России? Найдите информацию в Интернете. Составьте ассоциограмму и сделайте презентацию.**

Р Для презентации пользуйтесь речевыми оборотами на стр. 147.

П **12** **Опишите карикатуру. Что хочет сказать автор карикатуры?**

Р Для описания карикатуры пользуйтесь речевыми оборотами на стр. 154.

Работа над языком

1 **Составьте предложения, используя подходящие обороты и слова из двух колонок.**

пойти в поход в	пустыня
кататься на катере по	Уральские горы
лазить по	озеро Байкал
жить в палатке в/на	Чёрное море
пересекать	национальный парк
пойти на экскурсию в/на	Сибирская тайга
собираться в длительное путешествие в/на	Дальний Восток
совершать пешие прогулки в/на	биосферный заповедник
путешествовать на велосипеде на/по	Кавказ
кататься на лошадях по	тундра

2 **Какое слово не подходит к ряду? Почему?**

природа:	лес, поле, море, зоопарк, пустыня
горы:	Урал, Саяны, Днепр, Алтай, Кавказ
области:	Иркутская, Мурманская, Московская, Аральская, Тверская
острова:	Камчатка, Новая Земля, Сахалин, Мадагаскар
объекты туризма:	аквапарк, заповедник, зоопарк, часовой пояс
озёра:	Аральское, Байкал, Ладожское, Онежское

3 **Найдите в тексте на стр. 84–85 предложения с числительными и прочитайте их вслух.**

4 **Составьте словосочетания с числительными 1, 2, 3, 4, 20, 31, 69, 8, 40…**

километр	экскурсия	область	богатство
процент	палатка	степь	путешествие
маршрут	лодка	лошадь	море
турист	зона	ночь	озеро
день	гора	возможность	поле
заповедник	страна		

Как живётся россиянам?

«Хорошо живётся россиянам» – такой вывод для себя сделала ученица 13-го класса Штефани Крюгер. Она приехала в Иркутск по школьному обмену. Поселившись в одной русской семье, Штефани представилась прекрасная возможность пожить обычной жизнью простых людей. На уроке русского языка она рассказывает о своих наблюдениях.

То, что в России не сортируют мусор, я знала. В кухне стоит мусорное ведро, куда члены семьи скидывают всё: стеклянные бутылки, бумагу, пластиковые обёртки, остатки еды. Надя (мама моей подруги) объяснила это тем, что в маленьких российских городах, в отличие от крупных мегаполисов, нет финансовых возможностей для строительства заводов по переработке мусора. Но есть свободные территории для мусорных полигонов. В большинстве многоквартирных домов существуют мусоропроводы. Открываешь мусоропровод, высыпаешь в него мусор, и он падает по трубе в специальные контейнеры, которые стоят в мусорокамерах. Каждое утро контейнеры с мусором вывозятся на мусорные полигоны, где его трамбуют бульдозерами, а потом засыпают грунтом.

А ещё мне бросилось в глаза то, что многие россияне не экономят электричество, хотя в квартире стоит счётчик на электроэнергию. Однажды Александр (папа моей подруги) не выключил свет в ванной, который горел там всю ночь. Поначалу я за всеми выключала свет, а потом всё-таки набралась смелости и спросила их об этом. Александр рассказал, что в Иркутской области самые дешёвые тарифы на электроэнергию. В Сибири, где много полноводных рек, построены гидроэлектростанции, на которых вырабатывается большое количество дешёвой электроэнергии.

Что касается воды, то и тут у россиян нет границ. Аня (моя подруга) стоит под душем минут тридцать! Она очень смеялась, когда увидела, что я даже когда зубы чищу, закрываю кран. Потом она мне рассказала, что за воду всегда платится одинаковая сумма, независимо от того, какой был расход. Тарифы на потребление горячей и холодной воды рассчитаны таким образом, что людей обязывают платить значительно больше, чем они реально потребляют. Иными словами, семья платит за 500 литров на человека, а потребляет всего 100 литров. При данной системе оплаты процесс экономии становится бессмысленным. Многие люди в своих квартирах и частных домах устанавливают счётчики и получают значительную экономию. А кто не хочет их устанавливать или у кого в доме нет технической возможности для этого – платит по-старому.

То же самое и с отоплением. Я сразу обратила внимание на то, что зимой форточки открыты нараспашку, а батареи включены. Дело в том, что отопление в домах централизованное, это значит, что тепло от ТЭЦ по трубам поступает в каждый дом из квартиры в квартиру. Поэтому тепло регулируется на предприятии в зави-

3 обёртка Verpackung
5 мегаполис Großstadt
7 мусорный полигон Mülldeponie
8 мусоропровод Müllschacht
12 трамбовать feststampfen
15 счётчик Stromzähler
38 нараспашку geöffnet
40 ТЭЦ тепловая электроцентраль

симости от погоды. Но это очень неэффективно. Сейчас во многих квартирах люди меняют батареи на новые, которые позволяют регулировать подачу тепла. Возможности установить индивидуальные тепловые счётчики нет, так как придётся переделывать всю систему теплоснабжения.

Газ в Сибири относительно дешёвый и используется в основном для приготовления пищи. Поэтому расход не такой большой, как в Европе.

Когда я вернулась в Германию, я рассказала моей семье о моих впечатлениях: о нашей поездке на Байкал, о вкусной русской кухне, о гостеприимстве русских и об их обращении с природными ресурсами.

Работа над текстом

1 Ответьте на вопросы.

1. Что вы узнали об авторе этого рассказа?
2. Что в жизни русских и немцев она сравнивает?
3. Как утилизируется мусор в России?
4. Почему электроэнергия в Иркутской области дешевле, чем в других областях?
5. Почему во многих квартирах нельзя регулировать подачу тепла?

2 Почему многие россияне не экономят воду, электричество, тепло и газ? Какие причины названы в тексте?

3 Перескажите текст по следующим пунктам.

- мусор
- электричество
- вода
- отопление

4 Сравните поведение российской семьи, у которой Штефани была в гостях, с вашим поведением в домашнем хозяйстве.

5 Штефани удивляется, что российская семья не экономит электричество, воду, тепло и спрашивает членов семьи о причинах. Разыграйте сценку в классе.

6 Спросите своего соседа (свою соседку), что он (она) сделал(а) за эту неделю хорошего и что плохого для окружающей среды. Разыграйте диалоги.

Образец [–] ездил(а) на машине [+] экономил(а) электричество

- сдавать пластиковые бутылки
- выключать свет и электроприборы
- не бросать мусор на улице
- предпочитать бумажные пакеты пластиковым
- покупать овощи и фрукты из своего региона
- питаться биопродуктами
- ездить на велосипеде

7 Придумайте надпись для футболки, которая выражает ваше отношение к окружающей среде, например, «Отходы – в доходы!»

П **8** **Опишите карикатуру. Какая проблема здесь выражена? Проведите дискуссию в классе.**

Р Для описания карикатуры пользуйтесь речевыми оборотами на стр. 154.

9 **Исследования показали, что**

- *для того, чтобы разложилась пластиковая бутылка, понадобится 450 лет.*
- *электрические батарейки разлагаются 100 лет.*
- *для разложения стекла понадобится более 1000 лет.*
- *в год человек «производит» около 600 кг. мусора. Если бы весь накопившийся за год мусор не уничтожали, а сваливали в одну кучу, то образовалась бы гора высотой в гору Эльбрус (5642 м).*

Найдите в Интернете другие факты об утилизации мусора и расскажите о них.

10 **А как вы обращаетесь с природными ресурсами дома, в школе, в гостях, во время путешествия? Напишите сочинение.**

Работа над языком

1 **Дайте советы, используя глаголы в форме императива.**

Образец Берегите природу! Не стройте атомные станции!

- сортировать мусор
- скидывать мусор в ведро
- перерабатывать мусор
- экономить электричество
- строить гидроэлектростанции
- долго стоять под душем
- экономно потреблять воду
- устанавливать счётчики
- открывать форточки
- выключать батареи, свет, электроприборы
- регулировать подачу тепла
- улучшить систему теплоснабжения
- платить за коммунальные услуги

2 **Поставьте слова из скобок в правильную грамматическую форму.**

1. Живя в России, у Штефани было много (возможность) встретиться с (российская молодёжь).
2. Штефани рассказала своим одноклассникам о (жизнь) в русской семье.
3. На уроке географии (речь) шла о природных ресурсах.
4. Учитель сказал, что есть разные (возможность) сделать что-нибудь полезное для окружающей среды.
5. Он показал на карте России большие реки и рассказал, что в (Сибирь) построены гидроэлектростанции.
6. Учитель указал на то, что надо понимать (вся важность) проблемы окружающей среды.
7. У каждого есть (возможность) экономить электроэнергию.
8. Штефани сказала, что во многих многоэтажных домах есть (большие трудности) с отоплением.

Города-миллионники России

Журналисты газеты *Аргументы и факты* провели опрос среди жителей городов на тему *Где на Руси жить хорошо?* Жителям предлагалось оценить свой город по нескольким категориям: инфраструктура, работа, жилищные условия, стоимость проживания, безопасность, экология.

Город (по алфавиту)	Население, чел. (на 1 января 2009 г.)	Особенности
Волгоград 	девятьсот восемьдесят три тысячи девятьсот	– удобная инфраструктура города – достаточное медицинское обслуживание (83 врача на каждые 10 000 жителей) – средний доход – всего 11 187 руб. в месяц на человека
Екатеринбург 	один миллион триста тысяч девятьсот шестьдесят четыре	– ежемесячный доход на душу населения – третий по стране (19 202 руб.) – отличный деловой климат – хорошие возможности для карьерного роста – довольно высокий уровень преступности
Красноярск 	девятьсот сорок тысяч девятьсот пятнадцать	– относительно недорогая потребительская корзина – 1901 руб. – средняя зарплата 18 592 руб. в месяц – неблагоприятный деловой климат
Москва 	десять миллионов пятьсот восемь тысяч девятьсот семьдесят один	– самые высокие денежные доходы на душу населения (в среднем 40 357 руб. в месяц) – достаточное количество мест в детских садах – самые высокие цены на жильё – лучший уровень делового климата – высокий уровень преступности – плохая экология
Нижний Новгород 	один миллион двести восемьдесят тысяч триста пятьдесят пять	– недорогая потребительская корзина (1913 руб.) – среднедушевой доход составляет 14 028 руб. в месяц – достаточное количество детсадов (на 100 детей 71 место) – комфортный деловой климат – удобная инфраструктура

Новосибирск 	один миллион триста девяносто семь тысяч двести восемнадцать	– достаточно развитое медицинское обслуживание (86 врачей на каждые 10 000 жителей) – власть социально ориентирована – хорошая экология – не очень благоприятный деловой климат – комфортный город для проживания
Ростов-на-Дону 	один миллион сорок девять тысяч	– самая дешёвая потребительская корзина (1874 руб.) – удобная инфраструктура – невысокий уровень преступности – довольно хорошая экология – неплохой город для проживания
Самара 	один миллион сто тридцать пять тысяч триста восемнадцать	– неплохие жилищные условия (21,4 $м^2$ жилья на человека в среднем) – самая лучшая городская инфраструктура (транспорт, дороги, больницы) – горожане не очень высоко оценивают свой город как пригодный для проживания
Санкт-Петербург 	четыре миллиона пятьсот восемьдесят одна тысяча восемьсот пятьдесят четыре	– самый большой показатель по размеру жилплощади на человека – в среднем 22,4 $м^2$ – потребительская корзина – 2222 руб. – достаточное количество мест в детских садах (на 100 детей 67 мест) – хороший деловой климат – высокий уровень преступности
Челябинск 	один миллион девяносто три тысячи семьсот	– с местами в детсадах проблем практически нет – в среднем на человека приходится 21,3 $м^2$ жилья – жители считают город комфортным для проживания – относительно невысокий уровень преступности – плохая экология

По материалам газеты «Аргументы и факты», март 2009

Работа над текстом

1 **Ответьте на вопросы.**

1. В каком городе самые лучшие жилищные условия?
2. Где больше всего свободных мест в детсадах?
3. В каком российском городе-миллионере самое развитое медицинское обслуживание?
4. В каком городе самая дешёвая потребительская корзина?
5. Где самый благоприятный деловой климат?
6. В каком из городов самый высокий доход на душу населения?
7. Какой город считается не очень пригодным для проживания?
8. Где самая лучшая инфраструктура?
9. В каких городах высокий уровень преступности?
10. В каких городах плохая экология?

2 **С помощью географической карты и Интернета найдите дополнительную информацию об одном из городов-миллионников к следующим пунктам.**

1. Где находится этот город?
2 В какой части России он расположен?
3. Проходит ли через этот город Транссиб?
4. Какой ландшафт в местности, где находится этот город?
5. Какова численность населения этого города?
6. Сколько лет этому городу?
7. Когда и кем он был основан?
8. Чем он известен (знаменит)?
9. Какой это город? (промышленный, университетский и т. д.)
10. Какие достопримечательности можно здесь посмотреть?

3 **Вы уже побывали в одном из этих городов? Как вам там понравилось? В каком городе вы хотели бы жить? Обоснуйте свой выбор.**

4 **Сделайте стенгазету об одном из этих городов и представьте её вашим одноклассникам. Используйте информацию из текста, а также из других источников СМИ.**

5 **Назовите положительные и отрицательные стороны жизни в больших городах. Какие проблемы там существуют?**

П **6** **Хотели бы вы жить в большом городе? Почему? Проведите дискуссию.**

Р Для дискуссии пользуйтесь речевыми оборотами на стр. 149.

Деловой центр Москва-Сити

Работа над языком

1 **Запишите числительные, данные во второй колонке таблицы на стр. 92–93 цифрами.**

2 **Распределите города-миллионеры по численности населения, начиная с самого большого города.**

3 **Сколько человек живёт в этих немецких городах? Составьте предложения.**

1.	Берлин	3,4 млн.
2.	Гамбург	1,77 млн.
3.	Мюнхен	1,35 млн.
4.	Кёльн	995.420
5.	Франкфурт-на-Майне	664.000

А сколько человек живёт в вашем городе?

4 **Найдите немецкие эквиваленты.**

- показатель по размеру жилплощади
- потребительская корзина
- уровень делового климата
- доход на душу населения
- среднедушевой доход
- жилищные условия
- медицинское обслуживание
- удобная инфраструктура
- загрязнение воздуха
- недостаток рабочих мест
- рынок труда

5 **Прочитайте числительные. Обратите внимание на падежное окончание существительного.**

2222 руб. | 1913 руб. | 14 028 руб. | 30 485 руб. | 40 357 руб.

1874 руб. | 19 202 руб. | 1901 руб. | 18 592 руб. | 66 663 руб.

Волга и Вазуза

Были две сестры: Волга и Вазуза. Они стали спорить, кто из них умнее и кто лучше проживёт.

Волга сказала: «Зачем нам спорить – мы обе на возрасте. Давай выйдем завтра поутру из дому и пойдём каждая своей дорогой; тогда увидим, кто из двух лучше пройдёт и скорее придёт в Хвалынское царство».

Вазуза согласилась, но обманула Волгу. Только что Волга заснула, Вазуза ночью побежала прямой дорогой в Хвалынское царство.

Когда Волга встала и увидела, что сестра её ушла, она ни тихо, ни скоро пошла своей дорогой и догнала Вазузу.

Вазуза испугалась, чтоб Волга не наказала её, назвалась меньшой сестрой и попросила Волгу довести её до Хвалынского царства. Волга простила сестру и взяла с собой.

Река Волга начинается в Осташковском уезде из болот в деревне Волго. Там есть небольшой колодезь, из него течёт Волга. А река Вазуза начинается в горах. Вазуза течёт прямо, а Волга поворачивает.

Вазуза весной раньше ломает лёд и проходит, а Волга позднее. Но, когда обе реки сходятся, в Волге уже тридцать саженей ширины, а Вазуза ещё узкая и маленькая речка.

Волга проходит через всю Россию на три тысячи сто шестьдесят вёрст и впадает в Хвалынское (Каспийское) море. И ширины в ней в полую воду бывает до двенадцати вёрст.

Сказка Л. Н. Толстого

6 Хвалынское царство Каспийское море
14 меньшая *(нар.-раз.)* младшая
17 уезд *(устар.)* Kreis *(eine Verwaltungeinheit im russischen Zarenreich)*
19 колодезь *(устар.)* колодец
22 сажень Klafter (2,134 метра)
25 верста Werst (1,06 километра)

Работа над текстом

1 **Правильно или неправильно?**

1. Волга и Вазуза – это две реки.
2. Вечером они собрались идти в Хвалынское царство.
3. Волга обманула младшую сестру.
4. Река Вазуза начинается в горах.
5. Волга больше, чем Вазуза.

П **2** **Охарактеризуйте обеих сестёр на основе текста.**

Р Для характеристики сестёр пользуйтесь речевыми оборотами на стр. 144.

3 **Перескажите текст от лица Волги.**

4 **Игра *Проследи по карте путь*. Играйте вдвоём. Один читает, другой следит за маршрутом по карте (стр. 97). Куда вы пришли?**

Выйдите из дома. Идите прямо, пока не увидите деревянный мост. Перейдите через мост. Потом поверните налево. Выйдите на лесную тропинку. Идите по тропинке и дойдите до магазина «Берёзка». Поверните направо. Куда вы пришли?

5 **Работайте с картой вашего города. Ваш сосед (ваша соседка) по парте предлагает вам встретиться в городе в определённом месте, которое вам неизвестно (например, на вокзале, в торговом центре, на автобусной остановке и т. д.) Затем он (она) объясняет вам маршрут от школы к этому месту. Проследите по карте этот путь и найдите место встречи.**

6 **Где вы хотели бы жить: в деревне или в городе? Почему? Напишите небольшое сочинение.**

7 **Прочитайте текст о Волге и скажите, чем является Волга для россиян.**

«Каждая страна имеет свою национальную реку, – писал Дюма. – Россия имеет Волгу – самую большую реку в Европе, царицу наших рек, – и я поспешил поклониться её величеству реке Волге!»
Фольклор, литература, живопись украсили Волгу-матушку, Волгу-кормилицу песнями и преданиями, зарисовками и былинами. Наиболее известны среди них: картина И. Е. Репина *Бурлаки на Волге*, песни *Из-за острова на стрежень* и *Песня о Волге* из кинофильма *Волга-Волга*, стихотворение Н. А. Некрасова *На Волге (Детство Валежникова)* и пьеса А. Н. Островского *Обрыв*. Эта могучая река, как показали писатели и художники, влияла на судьбы многих поколений россиян, на формирование их характеров и поведения. Однако каждый из них, обращаясь к теме Волги, находил здесь свои образы, свои краски.

8 **Знаете ли вы другие реки или города, о которых написаны песни или стихи? Назовите их.**

9 **Прослушайте *Песню о Волге* на слова Лебедева-Кумача. Потом прочитайте отрывок из этой песни и скажите, как описывается в ней Волга.**

Словно тучи, печально и долго
Над страной проходили века,
И слезами катилася Волга -
Необъятная наша река.
Не сдавалась цепям и обманам
Голубая дорога страны, —
Не задаром Степан с Емельяном
Вниз по Волге водили челны.

Припев:

Красавица народная, —
Как море, полноводная,
Как Родина, свободная, —
Широка,
Глубока,
Сильна!

Много песен над Волгой звенело,
Да напев был у песен не тот:
Прежде песни тоска наша пела,
А теперь наша радость поёт.
Разорвали мы серые тучи,
Над страною весна расцвела,
И, как Волга, рекою могучей
Наша вольная жизнь потекла!

Кадр из фильма *Волга-Волга*, 1938

10 **Рассмотрите картину И. Е. Репина *Бурлаки на Волге*. Как вы думаете, в какое время была написана эта картина? Обоснуйте ваше мнение.**

П **11** **Опишите картину И. Е. Репина *Бурлаки на Волге*.**

Р Для описания картины пользуйтесь речевыми оборотами на стр. 152

12 **Как вы думаете, что вдохновило художника написать эту картину? Обоснуйте ваше мнение.**

13 **Какое впечатление производит на вас эта картина? Опишите ваши чувства.**

Работа над языком

1 **Ответьте на вопросы, используя глагол в повелительной форме по образцу.**

Образец Вам помочь? – Помогите, пожалуйста!

1. Показать вам дорогу?
2. Проводить вас до школы?
3. Сфотографировать вас?
4. Рассказать вам легенду о Волге?
5. Дать вам план нашего города?

Мост через Волгу, г. Старица, Тверская область

2 **Повторите способы образования сравнительной степени прилагательных. Образуйте сравнительную степень прилагательных и составьте с ними предложения.**

узкий маленький глубокий
широкий быстрый умный
большой тихий мелкий

3 **Сравните и опишите Вазузу и Волгу, используя прилагательные из упражнения 2.**

4 **Образуйте инфинитивы от глаголов движения. Назовите парный глагол противоположного вида.**

выйдем пойдём пройдёт
придёт побежала пошла
довести течёт проходит

5 **Какие слова и словосочетания из правой колонки могут сочетаться с данными глаголами? Напишите все возможные варианты.**

водить	рисунок карандашом
доводить	квартиру в порядок
приводить	начатое до конца
переводить	войска из страны
заводить	до моста
наводить	машину
выводить	друзей
проводить	порядок в комнате
обводить	будильник

Россия вчера – сегодня – завтра

Краткая хронология истории России

980–1015
Владимир Святославович
князь

1547– 1584
Иван IV Грозный
первый
русский царь

1682–1725
Пётр I
царь

1762–1796
Екатерина II
царица

1894–1917
Николай II
последний
русский царь

1917–1924
В. И. Ленин
1-й председатель
Совета Народных
Комиссаров

1924–1953
И. В. Сталин
генеральный
секретарь ЦКП

800 | 1000 | 1200 | 1400 | 1600 | 1800 | 1900 | 1910 | 1920 | 1930

852–1131 | 1132–1484 | 1485–1721 | 1721–1917 | 1917–1922 | 1922

1132–1484 Русские княжества и земли

1485–1721 Российское государство

862
образование
Киевской Руси

988
принятие
христианства

1243–1480
монголо-
татарское иго

1598–1613
Смутное
время

1773–1775
крестьянская война
под предводительством
Е. И. Пугачёва

1891
отмена
крепостного права

1914–1918
Первая
мировая
война

1917
Октябрьская
революция

1922
образование
СССР

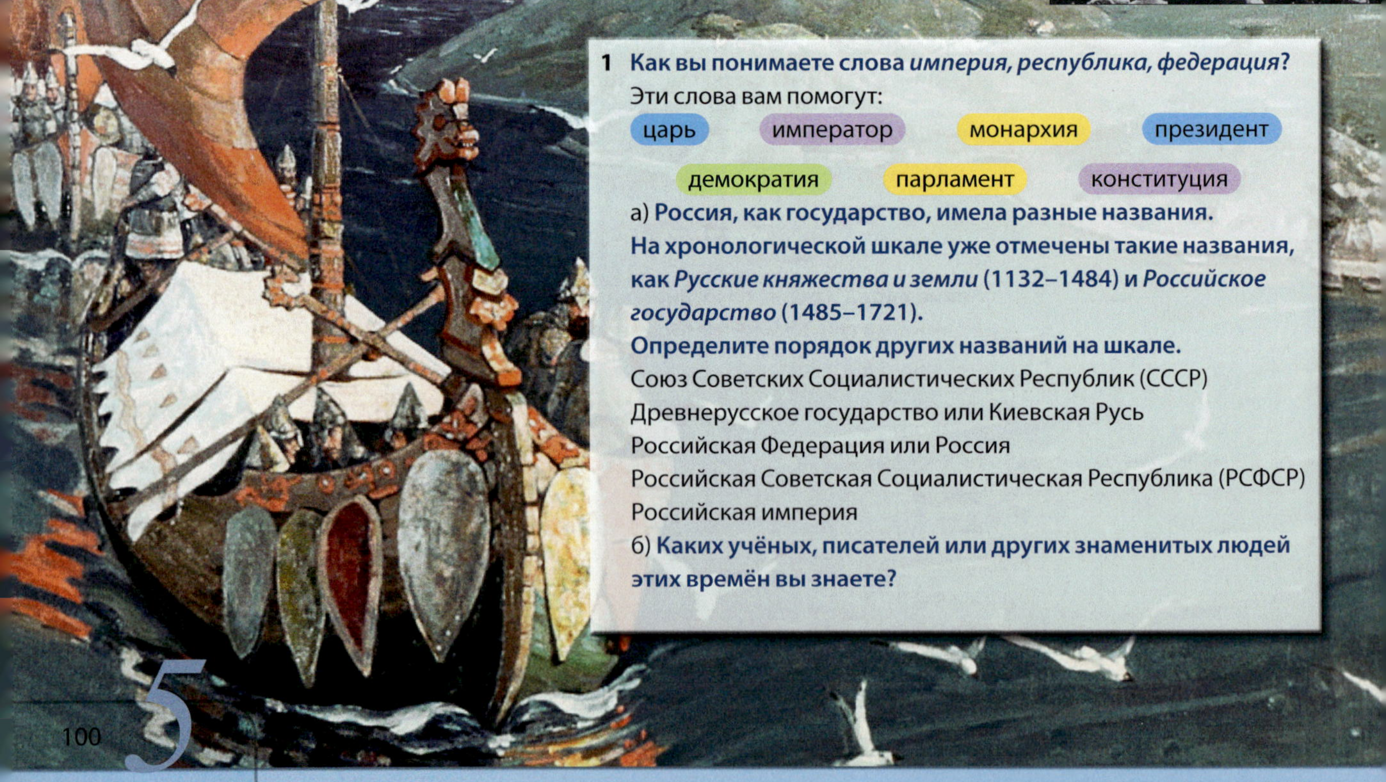

1 **Как вы понимаете слова *империя, республика, федерация*?**

Эти слова вам помогут:

царь | император | монархия | президент | демократия | парламент | конституция

а) **Россия, как государство, имела разные названия.**
На хронологической шкале уже отмечены такие названия, как *Русские княжества и земли* (1132–1484) и *Российское государство* (1485–1721).
Определите порядок других названий на шкале.

Союз Советских Социалистических Республик (СССР)
Древнерусское государство или Киевская Русь
Российская Федерация или Россия
Российская Советская Социалистическая Республика (РСФСР)
Российская империя

б) **Каких учёных, писателей или других знаменитых людей этих времён вы знаете?**

1953–1964
Н. С. Хрущёв
первый секретарь ЦК КПСС

1964–1982
Л. И. Брежнев
генеральный секретарь ЦК КПСС

1985–1991
М. С. Горбачёв
генеральный секретарь ЦК КПСС,
президент СССР

1991–1999
Б. Н. Ельцин
президент России

2000–2008
В. В. Путин
президент России

с 2008
Д. А. Медведев
президент России

1940 | 1950 | 1960 | 1970 | 1980 | 1990 | 2000 | 2010

1991

1941–1945
Великая Отечественная война

1975–1985
эпоха «застоя» в СССР

1985
начало эпохи перестройки

1991–1992
распад СССР

2 Прокомментируйте высказывание Томаса Карлейла.
История мира – это биография великих людей.
Согласны ли вы с ним?

3 Какие имена не входят в тематический ряд? Объясните, почему.

Политики: Ленин, Менделеев, Сталин, Горбачёв, Гагарин, Ельцин, Путин
Цари: Иван Грозный, Пётр Великий, Екатерина Вторая, Михаил Кутузов, Николай Второй, Лев Толстой
Агрессоры: Репин, Наполеон, Сахаров, Гитлер, Чехов

4 Когда состоялись эти исторические события? О каком из событий вы можете рассказать подробно? Почему именно об этом?

- Рапалльский договор
- подписание Пакта о ненападении между Германией и СССР
- нападение фашистской Германии на Польшу и развязывание Второй мировой войны
- капитуляция фашистской Германии (конец Второй мировой войны)
- разделение Германии на 4 оккупационные зоны
- основание ФРГ и ГДР
- сооружение Берлинской стены (укрепление государственной границы между ГДР и Западным Берлином)
- падение Берлинской стены и открытие границы между Западной и Восточной Германией
- объединение ФРГ и ГДР (воссоединение Германии)

Государственная символика

Государственный флаг России представляет собой прямоугольное полотнище из трёх равновеликих горизонтальных полос: верхней – белого, средней – синего и нижней – красного цвета.

Трёхцветный флаг был введён в России Петром Первым 20 января 1705 года. В годы Гражданской войны (1918–1920) национальная символика вновь разделилась. В то время как большевики сделали государственным революционный красный флаг, белая армия сражалась против советской власти под бело-сине-красными знамёнами.

Летом 1990 года министр внешнеэкономических связей Виктор Ярошенко предложил вернуться к традиционной русской государственной символике – трёхцветному петровскому флагу. Понадобился почти год, пока трёхцветный российский флаг был официально поднят в качестве государственного.

Утром 22 августа 1991 года, после разгрома антидемократического путча, парламент принял решение вернуться к историческому российскому флагу и поднять его над Белым домом. В 1994 году день 22 августа был объявлен Днём Государственного флага Российской Федерации.

Государственный герб России представляет собой изображение золотого двуглавого орла, помещённого на красном геральдическом щите. Над орлом – три исторические короны Петра Великого, в лапах орла – скипетр и держава, на его груди на красном щите – всадник, поражающий копьём дракона.

Двуглавый орёл закреплён в качестве государственного герба России Указом Президента Бориса Ельцина от 30 ноября 1993 года и Федеральным законом, утверждённым Государственной Думой Российской Федерации 8 декабря 2000 года.

Государственный герб СССР выглядел совсем иначе: на нём изображались серп и молот на фоне земного шара, в лучах солнца и в обрамлении колосьев, с надписью на языках союзных республик – «Пролетарии всех стран, соединяйтесь!». В верхней части была изображена пятиконечная звезда.

По материалам Посольства Российской Федерации в Германии

Государственные гимны

Гимн СССР

В конце 1930-х годов в ЦИК СССР стали приходить письма «с мест», в которых высказывалось пожелание о создании нового гимна, так как «дореволюционный гимн в стране с ростом культурной и счастливой жизни является устаревшим».

Был объявлен конкурс на создание текста и музыки нового гимна. 65 поэтов предоставили 123 текста. 170 композиторов предоставили более 200 мелодий […]. В конце концов, был выбран текст, написанный […] Сергеем Михалковым. Музыкой для гимна стала мелодия *Гимна партии большевиков*, созданная А. В.

1 ЦИК Центральный Исполнительный Комитет

Александровым ещё в 1939 году. […] В ночь с 31 декабря 1943 года на 1 января 1944 года по радио прозвучал новый Государственный гимн Советского Союза […]. После смерти Сталина встал вопрос о необходимости изменения текста, но официально старые слова гимна отменены не были до 1977 года. Поэтому в период с 1955 по 1977 год гимн исполнялся без слов.

Гимн России

5 ноября 1990 года правительство РСФСР приняло постановление о создании государственного герба, государственного флага и гимна РСФСР. В качестве музыки гимна комиссия одобрила *Патриотическую песню* Михаила Глинки. Слова гимна так и не были официально утверждены... В конце 2000 года С. В. Михалков написал новые слова Государственного гимна РФ, приспособив их к мелодии гимна Советского Союза Александрова. В таком виде 7 марта 2001 года он и был принят в качестве официального гимна Российской Федерации.

Несмотря на все споры по поводу качества музыки гимна, надо помнить, что, прежде всего, этот гимн воспринимается как символ победы в самой жестокой войне, выпавшей на долю поколения, всё ещё составляющего значительную часть российского общества.

The Epoch Times (Великая Эпоха), октябрь 2008

С. В. Михалков (1913–2009)

Россия – священная наша держава,
Россия – любимая наша страна.
Могучая воля, великая слава –
Твоё достоянье на все времена!

Припев:

Славься, Отечество наше свободное,
Братских народов союз вековой,
Предками данная мудрость народная!
Славься, страна! Мы гордимся тобой!

От южных морей до полярного края
Раскинулись наши леса и поля.
Одна ты на свете! Одна ты такая –
Хранимая Богом родная земля!

Припев

Широкий простор для мечты и для жизни
Грядущие нам открывают года.
Нам силу даёт наша верность Отчизне.
Так было, так есть и так будет всегда!

Припев

Работа над текстом

1 **Ответьте на вопросы.**

1. Когда и кем впервые был введён трёхцветный флаг?
2. Когда и почему решили вернуться к этому флагу?
3. Какую роль в истории России сыграли августовские события 1991 года?
4. Когда и при каком правительстве в России появился первый герб?
5. Что на нём изображено?
6. Как выглядел герб СССР?
7. Когда и почему старый герб заново стал символом России?
8. При каком правителе был проведён конкурс на текст гимна СССР?
9. В какие годы гимн исполнялся без слов?
10. Кто написал слова и музыку современного гимна?

2 **Объясните, в чём состоит вклад Петра Первого в развитие государственной символики.**

3 **Прослушайте текст о Петре Первом и запишите все даты. Потом прослушайте текст ещё раз и запишите события, связанные с этими датами.**

4 **Прослушайте мелодию Государственного гимна России и попробуйте его спеть. Находите ли вы мелодию гимна торжественной?**

5 **Представьте, что на уроке музыки вы познакомились с гимнами разных государств, среди них был и русский гимн. Не все ваши одноклассники поняли русские слова. Передайте им главную информацию и запишите немецкий текст.**

6 **Опираясь на факты из опроса ВЦИОМа[1] проведённого 20 августа 2009 года, скажите, какое значение имеет госсимволика для граждан России.**

1 ВЦИОМ Всероссийский центр изучения общественного мнения

КОРОТКО О ГЛАВНОМ:

- ✓ Лучше всего наши сограждане знают государственный герб России. Чуть хуже – флаг. Хуже всего – слова государственного гимна.
- ✓ Год от года постепенно растёт информированность россиян о госсимволике. Хуже всего этот процесс идёт в части слов государственного гимна.
- ✓ Лучше всего знает госсимволику молодёжь, хуже всего – старшее поколение.
- ✓ Более половины россиян (56%) испытывают чувства восхищения и гордости при прослушивании гимна страны. Аналогичные чувства к государственному флагу испытывают 52 %, к гербу же – только 49 %.

7 **А как вы относитесь к своему национальному гимну? Знаете ли вы слова наизусть? Назовите торжественные ситуации и моменты, в которых играют гимны.**

Работа над языком

1 **Выпишите из текста гимна на стр. 103 все слова, которые выражают силу России и гордость граждан за свою страну.**

2 **Прочитайте текст и переведите те части текста, в которых чувствуется тот же пафос, который выражается и в гимне.**

В декабре Кутузов привёл русские войска к Неману, откуда началось нашествие Наполеона. По армиям был зачитан приказ главнокомандующего: «Храбрые и победоносные войска! Наконец вы на границах империи, каждый из вас есть спаситель Отечества. Россия приветствует вас сим[2] именем». Тяжелейшая и кровопролитная Отечественная война 1812 года закончилась полной победой России, русского народа.

И. Прянишников, Французы в 1812 году, пленённые ополчением

2 сим (*устар.*) этим

3 **Какое значение имеет слово *отечество* в гимне и в прочитанном тексте?**

4 **Подберите к слову *отец* как можно больше однокоренных слов. Запишите их.**

П **5** **Объясните, как вы понимаете смысл следующих пословиц. Найдите немецкие эквиваленты и придумайте ситуации, в которых их можно употребить.**

P Для объяснения пословиц пользуйтесь речевыми оборотами на стр. 146.

Каков батька, таков и сын.

На свете всё найдёшь, кроме отца и матери.

Отец наказывает, отец и хвалит.

Отец рыбак – и дети в воду смотрят.

Отец про походы, а мать про расходы.

Российская история глазами школьников

Никто не знает, во что превращается курс школьной истории в голове детей. Отрывки фактов, даты, странные имена … перемешиваются с потоком информации из телевизора, книжек и компьютерных игр […].

Лиза Л., 1 А, школа № 330 Самое главное событие в России — это когда война наступила.[...] Фашисты, например, очень близко подошли к России, окружили её и стали бомбить из танков. [...]
Из всех президентов у нас было три хороших — Иван Грозный, Ленин и Владимир Владимирович Путин.
Иван Грозный очень хорошо страной владел. При нём ничего плохого не было. Он обязательно предупреждал, когда война начиналась, и все люди успевали спрятаться в метро. [...] Ленин тоже был хороший. Он постановил, чтобы людям на всей Земле в башмачки клали разные подарочки — маленькие игрушки, брелоки и самолётики. [...]
А Владимир Владимирович Путин – очень хороший президент. Он защищает Россию от немцев. Путин живёт в Кремле и всё время смотрит вдаль. Если где-нибудь далеко-далеко появится танк, Путин тут же предупреждает своих бойцов. Бойцы прощаются с мамами и уходят на фронт.

Ольга Т., 6 Г, школа № 992 Самое значимое событие — Великая Отечественная война. Тогда фашисты начали большой набег на нашу территорию. Но отважные русские люди им в этом помешали. Из правителей я знаю жестокого Ивана Грозного и умного Петра Первого, который любил строить корабли в Питере. Ленин как-то был связан с коммунизмом, но я не уверена. А Сталин — это высокий человек с тёмными волосами. Все они управляли страной хуже Путина, потому что люди всегда возмущались. А сейчас живётся лучше всего, потому что ничего не происходит [...].

Настя Н., 7 Б, школа № 134 В целом мы должны доверять учебникам истории. Ведь они написаны людьми, которые участвовали в каких-то событиях. Например, когда Иван Грозный убивал своего сына, рядом оказался какой-то человек с блокнотом, который записывал все движения, поэтому мы знаем об этом факте. Конечно, возможно, в записи что-то приукрашено, но ведь даже в любой сказке есть доля правды!
Не могу сказать, когда русскому народу хорошо жилось. Ленин считал, что государство — это аппарат для систематического применения насилия. А Сталин думал, что человек живёт для того, чтобы им управлять. Он от людей всё время чего-то требовал — то под танки ложиться, то голодать, то убивать.

И. Репин, *Иван Грозный и сын его Иван 16 ноября 1581 года*

Наталья Л., 10 Г, школа № 834 Самое значимое событие в истории России – Куликовская битва. После неё были важные перевороты и разделение земель.[…] Лучше всего Россией правил Александр II […].

Худшее время в истории нашей страны — это когда Горбачёв пришёл к власти. Сначала он ничего был, спокойный, а потом такое началось, что иначе как хулиганством не назовёшь […].

Сегодня положение у России прекрасное […].

Саша Я., 11 А, школа № 729 Большой перелом произошёл после ВОВ. Весь мир понял, что русский народ – это не хухры-мухры. Было очень много погибших, города разрушили и деревни. Сталин установил в стране очень жестокий порядок. Шаг вправо, шаг влево – расстрел. По доносу человека могли увезти в неизвестном направлении. Зато порядок в стране был, тунеядцев не было – все они сидели. […]

Кстати, мне ни один политический деятель не нравится. Не знаю, как там было в древности, у нас в седьмом классе учителя истории не было, но то, что мы проходили, начиная с восьмого, только угнетает.

По материалу Елены Кудрявцевой; журнал «Огонёк», № 50, 2008

45 **Куликовская битва** die Schlacht auf dem Kulikower Feld führte 1380 zum ersten Sieg der russischen Truppen im Kampf gegen das mongolische Heer der „Goldenen Horde"
53 **ВОВ Великая Отечественная война** Großer Vaterländischer Krieg
53 **не хухры-мухры** *sinngemäß:* keinesfalls zu unterschätzen
57 **тунеядец** Müßiggänger, Schmarotzer
58 **сидеть** *hier:* im Gefängnis sitzen
62 **угнетать** deprimieren

Работа над текстом

1 **Школьники вспоминают разные детали из российской истории.**

а) **Выпишите из текста все имена исторических деятелей и связанные с ними события.**

б) **Найдите информацию о том, когда эти известные личности жили, и когда состоялись события.**

имена/события	жили/состоялись

в) **Расположите все события из текста в хронологическом порядке.**

2 **Как хорошо вы уже знаете историю России? Прочитайте высказывания и решите, верны они или нет.**

1) Иван Грозный был жестоким человеком, он убил даже своего сына.
2) Пётр Первый любил строить корабли в Питере.
3) При Ленине людям на всей Земле в башмачки клали разные подарочки.
4) Сталин установил в стране очень жестокий порядок.
5) Во время Великой Отечественной войны фашисты захватили русскую территорию.
6) Путин живёт в Кремле.

3 **Сравните свои результаты с мнением Лизы. Что неправильно в рассказе Лизы?**

П **4** **Выберите одно из названных исторических лиц или событий и соберите о нём материал в энциклопедических справочниках и в Интернете. Подготовьте плакат или презентацию.**

Р Для презентации пользуйтесь речевыми оборотами на стр. 147.

5 **Великая Отечественная война была чаще всего названа важным историческим событием.**

а) **Прочитайте и прослушайте, как граждане СССР узнали о начале войны.**

В. Молотов

22 июня 1941 года в полдень по радио Вячеслав Молотов, министр иностранных дел, сообщил: «Сегодня, в 4 часа утра, без [...] объявления войны, германские войска напали на нашу страну, атаковали наши границы во многих местах [...] и бомбардировали наши города. Не первый раз нашему народу приходится иметь дело с нападающим зазнавшимся врагом [...]. На поход Наполеона в Россию наш народ ответил Отечественной войной, и Наполеон потерпел поражение, пришёл к своему краху. То же будет и с зазнавшимся Гитлером...». Молотов призвал к «отечественной войне за Родину, за честь, за свободу». Свою речь он завершил знаменитыми словами:
«Наше дело правое. Враг будет разбит. Победа будет за нами».

б) **Узнайте из учебников по истории или Интернета, почему война получила название *Великая Отечественная*. Перескажите это своими словами.**

П **6** **Опишите и прокомментируйте один из этих постеров.**

Р Для описания карикатуры пользуйтесь речевыми оборотами на стр. 154.

5 **зазнавшийся** über-heblich, großtuerisch

7 **Ваш друг интересуется историей России. Ища в Интернете материал для доклада, он попал на сайт Посольства Российской Федерации. Не зная русского языка, он понял, что эта открытка связана с окончанием войны. Передайте ему основное содержание *поздравления Посла России в ФРГ* на немецком языке.**

*Уважаемые ветераны Великой Отечественной войны,
дорогие соотечественники!*
Поздравляю Вас от всего сердца с нашим общим праздником – Днём Великой Победы, днём особого нравственного значения, днём памяти и глубочайшей признательности тем, кто отстоял независимость нашего Отечества и принёс долгожданное освобождение порабощённым фашизмом народам Европы.
Великая Отечественная война стала небывалой трагедией для всей страны. Тяжкие испытания, выпавшие на долю народов Советского Союза, раскрыли величие человеческого духа, явили многочисленные примеры героизма, личного подвига и настоящего патриотизма.
День Победы объединяет не только граждан бывшего СССР, но и всех тех, кто вместе с нашей страной «ковал» эту Победу. Вторую мировую войну выиграли все союзники антигитлеровской коалиции. […] Несмотря на нарастающие устремления в ряде стран Европы «переписать» историю Второй мировой войны, Россия всегда будет оберегать память об этой великой Победе!
Ещё раз поздравляю всех с праздником! Здоровья, мира и благополучия Вам и Вашим семьям!

8 **В рамках школьного обмена вы в гостях в русской семье. Все собрались у бабушки, которая во время Великой Отечественной войны получила орден. Разыграйте маленькие сценки за праздничным столом.**

а) **Поблагодарите друзей за приглашение и поздравьте их с праздником 9 Мая.**

б) **Произнесите торжественный тост за бабушку.**

в) **Расскажите, какой праздник ваш любимый, и как в вашей семье принято отмечать праздники.**

9 **Как ваши одноклассники относятся к урокам истории? Придумайте вопросы и возьмите короткое интервью у трёх одноклассников. Передайте их мнения своими словами.**

П **10** **Подготовьтесь к дискуссии на тему *Какие события XX века вы считаете наиболее важными?*. Какое мнение у ваших родственников?**

Р Для проведения дискуссии пользуйтесь речевыми оборотами на стр. 149.

П **11** **Выберите одну из следующих цитат и выскажите своё мнение.**

1. Несмотря на все прожитые ужасы, историю нельзя переделать, и нам остаётся только мужественно взглянуть ей в лицо, чтобы эти ужасы не повторились впредь. (*М. Ангелу*)
2. Не знать истории – значит всегда быть ребёнком. (*Цицерон*)
3. То, что люди не учатся на ошибках истории, – самый главный урок истории. (*О. Хаксли*)

Р Для объяснения цитат пользуйтесь речевыми оборотами на стр. 146.

Работа над языком

1 **Найдите в тексте эквиваленты следующих предложений и прочитайте их вслух.**

1. Bruchstücke von Fakten, Daten und seltsame Namen vermischen sich mit dem Informationsfluss aus Fernsehen, Büchern und Computerspielen.
2. Während seiner Herrschaft gab es nichts Negatives.
3. Zuerst war er einigermaßen gut, aber dann begann etwas, was man nur als groben Unfug bezeichnen kann.
4. Im Großen und Ganzen muss man den Geschichtsbüchern vertrauen.
5. Ich kann nicht sagen, wann das russische Volk jemals gut gelebt hat.
6. Heute ist Russlands Situation hervorragend.

2 **Выпишите из текста на стр. 106–107 все формы прилагательных и наречий и дополните таблицу.**

прилагательное	наречие	сравнительная степень
близкий	близко	ближе
хороший	хорошо	лучше

3 **Найдите антонимы к данным словам и запишите их.**

близко всегда лучше хорошо

война города жизнь ночь поражение враг трагедия

ложиться начаться отдать увезти разрушить

4 **Образуйте как можно больше словосочетаний.**

а) напасть *на кого/что?* – окружать *кого/что?* – уходить *куда-н.* – защищать *кого/что от кого/чего?* – разрушить *что-н.* – участвовать *в чём?* – терпеть *что?* – бороться *с кем/чем?* – победить *кого/что?* – освободить *кого/что от кого/чего?*

б) города и деревни – территория СССР – враги – война – фашисты – жилые дома – родина – противники – холод – поражение – голод – фабрики и заводы – советское население – немцы – вражеская армия – танковые битвы – мосты – фашизм – народы Европы

5 **Найдите парный глагол другого вида и немецкий эквивалент к нему. Запишите по одному примеру, переведите его и объясните употребление видов глагола.**

Образец окружить – окружать – umzingeln
Ночью фашисты окружили деревню.

занимать разрушить защищать уйти

участвовать победить потерпеть напасть

Екатерина II: Замужем за империей

От редакции. Статья К. Кудряшова об Екатерине Великой опубликованная в *Аргументах и фактах* от 21 апреля 2009 года является отрадным событием. Автор пытается очистить имя великой нашей императрицы от той грязи, какой её имя пытались поливать в течение десятилетий.

21 апреля 1729 года [...] в прусском городке Штеттин родилась девочка, которой дали труднопроизносимое имя – Софья-Августа-Фредерика Ангальт-Цербстская-Дорнбург. Спустя 15 лет она стала Екатериной, спустя ещё 18 ей присвоили порядковый номер – римскую двойку. Ну а уже потом стали прибавлять к её имени «Великая» [...].

Говорят, что приехав в Россию, пятнадцатилетней Екатерине нужно было притворяться русской и усиленно изучать язык новой родины. Но интересно узнать, почему? Ответ напрашивается сам собой – чтобы подлизаться к Елизавете Петровне. Но тогда юной немецкой принцессе нужно было налечь не на русский язык, а на французский. Практиковаться же в русском Екатерина могла, только разговаривая с истопниками, полотёрами и конюхами. Конечно, грамматике от них не научишься, и Екатерина на письме допускала ошибки, однако никакого «исчо» и в помине не было – это позднейший анекдот.

Зато её речь была полна пословицами и поговорками, а также неправильными, но очень сильными выражениями. Например, она говорила: «Любить со всего сердца» (по типу «Бегать со всех ног»). Может, и нелепо, но как сильно и трогательно!

Кстати, насчёт «со всего сердца»... Самые гнусные измышления касаются, как это водится, личной жизни государыни. Более того – самые нейтральные эпизоды нынче воспринимаются как свидетельства каких-то диких оргий. Ну, например, очень любят потыкать носом в то, что Екатерина даже государственные дела слушала в постели, чуть ли не лёжа в объятиях фаворитов.

Конечно, ничего подобного не могло и случиться. Традиция принимать докладчиков в спальне государя действительно была. Для этого строились специальные опочивальни, в которых никто никогда не спал. [...] К такому слушанию Екатерину облачали в белый гродетуровый шлафрок и капот. [...]

На голове государыня носила белый флёровый чепец – обычная домашняя одежда, не парадная. [...] Регламент посещений был очень строгим, никаких вольностей не допускалось.

Что же до фаворитизма, то по тем временам это было в порядке вещей. Все знали, что у Екатерины есть фаворит, но сама она никогда не афишировала свои привязанности. Более того – им с Потёмкиным приходилось всячески скрывать не только свой брак, что само собой разумеется, но и свои чувства. Даже в собственном дворце Екатерина считала невозможным посещать Григория, если находились свидетели: «Я приходила в осьмом часу, но нашла вашего камердинера, со стаканом против двери стоящего». Кстати, будучи уже супругами, в Петербурге они считали приличным лишь обмениваться записками: «Я пишу из Эрмитажа. Здесь неловко, Гришенька, к тебе приходить ... Здравствуй, миленький, издали и на бумаге...». [...]

29 опочивальни Schlafzimmer
30 гродетуровый (*устар.*) гродетур grobe Seide
30 капот (*устар.*) Umhang
31 флёровый (*устар.*) флёр feine Seide
31 чепец Häubchen
39 осьмой (*устар.*) восьмой

Говорят, что она только притворялась православной, а на деле оставалась немкой [...]. Но к православию у неё отношение было трепетное, и не без причин. В записке «О предзнаменованиях» Екатерина оставила любопытное свидетельство: «В 1744 году 28 июня я приняла Грекороссийский Православный закон. В 1762 году, 28 июня, я приняла всероссийский престол...».

Сама государыня верила в то, что высшие силы «вручили» её империи. Надо полагать, что своя правда в этом есть. Приняв империю с населением в 18 миллионов, Екатерина оставила её с 36 миллионами. Не было ни единой территориальной потери – наоборот, государство росло, ширилось и замахивалось на гегемонию в Европе. Отобрав земли и крепостных у монастырей, Екатерина перевела этих крестьян в категорию государственных, то есть лично свободных. Два миллиона душ – это немало. Да и вообще недаром же эпоху её правления называют золотым веком.

47 **предзнаменование** Vorzeichen, Omen

По статье К. Кудряшова, «Аргументы и факты», 21 апреля 2009

Работа над текстом

1 **Правильно или неправильно?**

1. Екатерина родилась и выросла в Германии.
2. Царь Пётр Первый пригласил её в Россию.
3. Приехав в Россию, Екатерина начала учить русский язык.
4. Она говорила по-русски почти без ошибок.
5. Её речь была полна пословицами и поговорками.
6. Императрица Елизавета очень любила немецкий язык.
7. У Екатерины было много фаворитов.
8. Государственные проблемы она решала, лёжа на кровати.
9. Она не интересовалась своей империей.
10. При её правлении население империи выросло вдвое.
11. Она не потерпела ни одного поражения в военных действиях.
12. При Екатерине Россия стала одной из самых крупных империй.

Смольный институт был открыт в 1764 году при Екатерине II, как Институт благородных девиц

2 Выпишите из текста все биографические данные и дополните их с помощью энциклопедии.

3 Приведите примеры из текста, которые описывают отношения между Екатериной и Потёмкиным.

4 Найдите в Интернете информацию о реформах в области культуры, проведённых Екатериной Великой, и выясните, что было создано при ней в Санкт-Петербурге. Запишите эти реформы в виде лозунгов.

5 Узнайте как можно больше о Потёмкине, одном из самых важных людей в жизни Екатерины, и сделайте о нём плакат.

6 Найдите в Интернете фразеологизм *Потёмкинские деревни* и объясните своими словами, в каких ситуациях он употребляется.

7 Школьники одной из санкт-петербургских школ работают над проектом *Екатерина Вторая – немка на российском троне*, поэтому они ищут партнёров в Германии. Помогите им и передайте своими словами, как в Германии сохраняют воспоминания о Екатерине.

Замок Цербст, вид 1930 года

Der Internationale Förderverein *Katharina II.* Zerbst/Anhalt gründete sich 1992 in Zerbst (Sachsen-Anhalt), in jener Stadt, in der sich bis zum April 1945 das Schloss der Vorfahren der berühmten russischen Zarin Katharina der Großen befand. In Zerbst wurden 1994 unter Leitung des Fördervereins die 1. Internationalen Katharina-Festtage durchgeführt. Höhepunkt der 2. Internationalen Katharina-Festtage im September 1995 war die Eröffnung der Sammlung *Katharina II.* Sie erfolgte im Beisein des Botschafters der Russischen Föderation in der BRD. Mäzen dieser ständigen Sammlung ist der Baron Eduard von Falz-Fein.

Der Förderverein initiierte 1994 die Unterzeichnung eines offiziellen Vertrages über Städtepartnerschaft zwischen Puschkin bei St. Petersburg und Zerbst. Er unterstützt auch den jährlich stattfindenden Jugendaustausch zwischen beiden Städten. Weiterhin organisiert er Konzerte und Ausstellungen mit russischen Künstlern in Zerbst und Umgebung und zeigt seine mobile Fotoausstellung über das Leben und Wirken Katharinas II. im In- und Ausland.

Работа над языком

1 **Какие слова не входят в ряд?**

1. городок, деревня, страна, город, империя, село, столица, земля, государство
2. пословицы, поговорки, слова, стихи, буквы, анекдоты, тексты
3. принцесса, государыня, царица, королева, ученица, барыня
4. римский, московский, немецкий, берлинский, пражский, великий, монгольский

2 **Найдите как можно больше однокоренных слов.**

империя фаворит государыня свидетель практиковаться

3 **В тексте есть слова, которые вошли в русский язык из других языков. Найдите немецкие эквиваленты и дополните список словами из изучаемых вами иностранных языков.**

по-русски	по-латински	по-английски	по-французски	по-немецки
империя	imperium	empire	empire	Reich, Imperium
нейтральный	neutrum	neutral	neutre	neutral
номер	numerus	number	numéro	Nummer

4 **Переведите предложения с деепричастиями на немецкий язык.**

1. Говорят, что приехав в Россию, пятнадцатилетней Екатерине нужно было притворяться русской и усиленно изучать язык новой родины.
2. Практиковаться же в русском Екатерина могла, только разговаривая с истопниками, полотёрами и конюхами.
3. Вставая каждый день в шесть часов, она писала письма.
4. Приняв империю с населением в 18 миллионов, Екатерина оставила её с 36 миллионами.
5. Отобрав земли и крепостных у монастырей, Екатерина перевела этих крестьян в категорию государственных, то есть лично свободных.

5 **В России Екатерину ожидало много изменений. Расскажите, что ей нужно было сделать.**

Образец Ей нужно было привыкнуть к новой религии.

- изучать историю России
- выйти замуж за Петра III
- принять всероссийский престол
- расширять территорию государства
- продолжить реформы Петра I
- создать самый большой музей России – Эрмитаж
- основать Российскую Академию
- сделать многое для развития культуры и образования
- издать более прогрессивные законы

42: ровесник президента о судьбе поколения

Воспоминания Фёдора Лукьянова, главного редактора журнала *Россия в глобальной политике*, который моложе Президента России Дмитрия Медведева всего на год, похожи на видеоряд.

Первый кадр конец 1970-х, подмосковная дача, мама осторожно поворачивает приёмник «ВЭФ-202», надеясь найти ракурс, в котором сквозь противный шум можно расслышать «вражеский» голос. Доносятся отдельные слова: «Московская Хельсинкская группа», «академик Андрей Сахаров» [...]. Заканчивается программа про права человека, начинается следующая – что-то про сельское хозяйство, неурожай в Советском Союзе. Почти ничего не слышно, но интонация тревожная.

Второй кадр декабрь 1979, у меня грипп, я лежу в постели и смотрю программу «Время». Диктор зачитывает текст о вводе советских войск в Афганистан, звучит словосочетание «интернациональный долг» [...].

Третий кадр 12 ноября 1982 года, день похорон Брежнева. Занятия отменены, но в школу всё равно идти надо. В кабинете истории коллективный просмотр трансляции с Красной площади. Я – комсорг класса. Директор школы оставляет нас наедине с телевизором, строго приказав поддерживать дисциплину. Вместо этого в классе шум и гам. Директриса влетает в кабинет, как фурия, меня требуют на ковёр. Идеологическая диверсия [...].

Смерть казавшегося вечным генсека открывает череду смен власти, но ощущения перемен нет.

В 42 ГОДА КАРЬЕРА ТОЛЬКО НАЧИНАЕТСЯ...

Владимир Ленин
В 42 года (1912 г.) Ленин был политэмигрантом. Издавал газету «Правда», выступал на съездах II Интернационала, а на социал-демократической партконференции в Праге создал новую партию – РСДПР(б).

Иосиф Сталин
В 42 года (1921 г.) Сталин, уже герой Гражданской войны, выдвигается в число лидеров партии и занимает пост генсека ЦК ВКП(б). В том же году у Иосифа Сталина и Надежды Аллилуевой рождается сын Василий.

Никита Хрущёв
В 42 года (1936 г.) занимал пост первого секретаря Московского областного и городского комитетов партии – МК и МГК ВКП(б).

Леонид Брежнев
В 42 года (1948 г.) Леонид Ильич, закончивший войну в звании генерал-майора, был первым секретарём Днепропетровского обкома КП(б) Украины (с 1946 г.).

Четвёртый кадр май 1985. Генсек Горбачёв на ленинградской набережной разговаривает с народом – невероятно! С этого момента – ощущение ускоряющегося хода истории и – вот теперь – неизбежности перемен. Чувство азарта, желание изменить всё и сразу, тем более что власть неожиданно не делает, как обычно, два шага назад после одного вперёд, а движется дальше и дальше по пути *размораживания*.

Это всеобщее стремление вперёд скоро оборачивается против инициатора перемен – Горбачёв уже кажется ретроградом. Востребованы радикалы, слом опостылевшей системы привлекает куда больше, чем попытка её перестроить.

1 **кадр** Momentaufnahme
5 **Андрей Сахаров** – советский физик, лауреат Нобелевской премии мира за 1975 год
15 **комсорг** комсомольский организатор
18 **требовать на ковёр** ins Direktorenzimmer bestellen
19 **казавшегося вечным** *hier:* des scheinbar unsterblichen (Generalsekretärs)
19 **генсек** генеральный секретарь КПСС
22 **ощущение ускоряющегося хода истории** Empfindung, dass sich der Lauf der Geschichte beschleunigt
26 **размораживание** *hier*: Lockerung der Staatsdoktrin
28 **ретроград** реакционер ein Rückschrittlicher
29 **опостылевшая система** ein überdrüssig gewordenes System

Пятый кадр первая поездка за границу. На волне *горбимании* меня, студента-германиста с филфака, пригласил в гости встреченный в Москве немец-турист. Первое утро – поход в магазинчик в деревне под Ганновером. Физически не по себе, у меня кружится голова, и ноги не идут – от ассортимента, увиденного впервые в жизни [...].

В 42 ГОДА КАРЬЕРА ТОЛЬКО НАЧИНАЕТСЯ...

Юрий Андропов
В 42 года (1956 г.) Юрий Владимирович работал послом СССР в Венгрии. Ещё через год Андропов – после подавления народного восстания в Будапеште – был переведён в Москву и назначен завотделом ЦК КПСС.

Михаил Горбачёв
В 42 года (1973 г.) Михаил Сергеевич, член ЦК КПСС, возглавлял Ставропольский крайком ЦК КПСС. В это время Горбачёв познакомился с Андроповым, который через несколько лет перетянет своего протеже в Москву.

Борис Ельцин
В 42 года (1973 г.) Борис Николаевич возглавил отдел строительства Свердловского обкома партии. Ровно через два года амбициозный строитель будет избран секретарём Свердловского обкома партии.

Владимир Путин
В 42 года (1994 г.) Владимир Владимирович, переведённый в резерв КГБ в звании подполковника запаса, занимает пост заместителя мера Санкт-Петербурга, ответственного за внешнеэкономическую политику.

Шестой кадр август 1991. Железный Феликс на кране, чувство эйфории, мой первый большой журналистский материал – репортаж о переломных днях в Москве. Перечитывать сейчас невозможно – неужели мы действительно были такими наивными?

Ещё одно воспоминание в этой связи – самый первый журналистский материал в моей жизни летом 1988 года: интервью с музыкантом группы *Крематорий*. Фраза собеседника «Чертовски надоели ложь и двойная мораль» казалась просто слоганом времени. Впрочем, слова «слоган» тогда не было, конечно.

Слово «рынок» – магическая мантра, вот придёт он – и всё решится. Исчезновение Советского Союза – никакого ощущения «крупнейшей геополитической катастрофы XXI века», даже нет впечатления, что это всерьёз, а Украина или Киргизия – это теперь действительно другие страны. Следующие два года, вплоть до расстрела Белого дома, мы не успеваем реагировать на изменения, усталость от фейерверка невероятных событий сочетается со жгучим интересом: чем всё закончится?

[...]

Партии скоро не стало. Да и из быстро разбогатевших друзей 1990-х далеко не все потом преуспели. Собственно, в это время, наверное, и завершилось формирование ровесников Дмитрия Медведева, они приобрели те качества, которые уже можно считать стабильными. Кто-то нашёл себя в новом времени, кто-то так и не смог этого сделать [...].

Наверное, мы представляем собой не потерянное, но уж точно переходное поколение – последнее, воспитанное в СССР, и первое, вступившее в по-настоящему самостоятельную жизнь в новой России [...].

Наше поколение, наверное, изначально лучше относилось к Западу, чем предыдущее и последующее. Когда росли нынешние 40-летние, в советскую пропаганду не верил уже практически никто, а *голоса из-за бугра* считались чуть ли не единственным источником объективной информации. Правда, с тем же связано и дальнейшее разочарование – Запад оказался в реальности не таким, как представлялось из передач радио *Свобода* или *Немецкая волна*.

По материалам журнала «Огонёк», №11, 2008

30 горбимания *от* Горбачёв
31 филфак филологический факультет
35 железный Феликс на кране *hier*: Abbau des Denkmals des KGB-Gründers Felix Dsershinski
61 голоса из-за бугра Stimmen aus dem Ausland

Работа над текстом

1 **Найдите правильный вариант ответа.**

1. Как автор относился к советской власти?
а) Он был довольным комсомольцем.
б) Он был в комсомоле, но критически смотрел на госсистему.
в) Он не состоял ни в каких молодёжных организациях.

2. Какими средствами массовой информации пользовался Фёдор Лукьянов в юности?
а) Он читал газеты и смотрел телевизор.
б) Он смотрел телевизор и часто слушал передачи иностранных радиостанций.
в) Он читал газеты и журналы.

3. Начавшиеся при Горбачёве изменения он вначале считал …
а) временной переменой.
б) катастрофой для Советского Союза.
в) большим шансом для общественного прогресса страны.

Памятник Ф. Дзержинскому

4. В 1988 году Фёдор Лукьянов, чтобы улучшить свои условия жизни, …
а) служил в армии.
б) вступил в партию.
в) работал журналистом.

5. В статье автор говорил о себе как о человеке …
а) переходного поколения.
б) потерянного поколения.
в) разочарованного поколения.

6. Автор смотрит на будущее России …
а) с оптимизмом.
б) пессимистически.
в) с чувством уверенности.

2 **Расскажите об авторе текста и передайте краткое содержание его воспоминаний.**

3 **Опираясь на текст, назовите те *исторические моменты*, которые оказали влияние на жизнь автора.**

4 **Объясните, в каком значении употреблено слово *кадр* в этой статье.**

5 **Фотографии к тексту сопровождены короткими комментариями о жизни российских политиков в 42 года.**

а) Выберите одного из этих политиков, соберите о нём как можно больше информации и проинформируйте своих одноклассников.

б) Расскажите о главных этапах жизни 42- летнего человека, которого вы знаете.

6 **Автор назвал распад Советского Союза *крупнейшей геополитической катастрофой XXI века*. Как Россия относится сегодня к своим бывшим партнёрам по Союзу и странам бывшего *социалистического лагеря*?**

Проинформируйтесь в Интернете и приведите актуальные примеры из разных сфер общественной жизни.

7 **Вы хотите узнать, как эра Горбачёва изменила политическое положение в Германии. Запишите как можно больше вопросов для интервью с вашими родственниками или учителями. Подведите итоги и отразите их на своём постере.**

Работа над языком

1 **Сложные существительные образуются с помощью соединительных гласных *-о-*, *-е-* или без них: авторучка, самолёт, нефтепровод, колхоз.**
Переведите слова на немецкий язык. Запишите их полную форму.

Образец комсорг – Komsomolfunktionär – комсомольский организатор

турбаза филфак генсек комсомол парторг госсистема
госсимволика самолюбие самообслуживание общежитие самовар

2 **Объясните значение следующих выражений своими словами.**

дух времени
подмосковная дача
вражеский голос
на волне горбимании
голоса из-за бугра
чертовски надоели ложь и двойная мораль
слоган времени
потерянное поколение

3 **Скажите другими словами.**
- Доносятся отдельные слова.
- Директриса влетает в кабинет, как фурия.
- Власть не делает, как обычно, два шага назад после одного вперёд.
- У меня кружится голова, и ноги не идут.
- Будучи неопытным журналистом, я раз тридцать прослушал ответ.
- Слово *рынок* – магическая мантра.
- Партии скоро не стало.
- Запад оказался в реальности не таким, как представлялось из радиопередач.

4 **Чтобы говорить о разных этапах жизни, надо знать даты.**

а) **Повторите формы выражения дат.**

б) **Выпишите из текста все даты и прочитайте их вслух.**

в) **Ответьте письменно на вопросы, употребляя даты, данные в скобках.**
1. В каком году родился автор текста? (1966)
2. Когда жил Андрей Сахаров? (1921–1989)
3. Когда умер Леонид Брежнев? (10.11.1982)
4. В каком месяце Горбачёв беседовал с ленинградцами? (май 1985)
5. Когда автор собирал свой первый журналистский материал? (летом 1988)
6. Когда убрали памятник Феликсу Дзержинскому? (август 1991)
7. Какое сегодня число? Какое число было вчера (будет завтра)?
8. В каком году вы окончите школу?

Конкурс «Имя Россия. Исторический выбор»

В 2008 году в передаче российского телевидения *Вести недели* были объявлены имена тех, кого россияне считают достойными называться «личностями-символами России». Ими стали: Александр Невский, Пётр Столыпин и Иосиф Сталин. Поэт Александр Пушкин, занявший четвёртое место в конкурсе, в первую тройку не попал. […]

Памятник А.С. Пушкину в Ст.-Петербурге

Идея телевизионного интерактивного конкурса, в ходе которого телезрители голосуют в Интернете, [...] заимствована из-за рубежа. [...] Первый же в списке победителей – древнерусский князь Александр Невский, канонизированный Русской православной церковью. В середине XIII-го века Александр Невский одержал исторические победы над шведскими и тевтонскими рыцарями. За него было отдано 529 тысяч 575 голосов. На втором месте – Пётр Столыпин, премьер-министр России с 1906 по 1911 годы, известный своими реформаторскими планами. Он набрал 523 тысячи 766 голосов. Иосиф Сталин, советский диктатор, организатор крупномасштабного государственного террора, продолжавшегося с начала 1930-х годов вплоть до его смерти в 1953 году, получил 519 тысяч 71 голос и вышел на третье место.

Проект *Имя Россия* вызвал немало критики уже в тот момент, когда имя Сталина впервые вышло в число потенциальных лидеров. Тогда же заговорили и о хакерских атаках на сайт проекта, где шло интерактивное голосование. Были сообщения, что за Сталина голосовали многочисленные спамеры, а в августе голосование даже было приостановлено. Так что результаты конкурса заранее ставились под сомнение. Однако ведущий проекта *Имя Россия* Александр Любимов заявил в интервью радиостанции *Эхо Москвы*, что считает результаты голосования объективными.

На возможность манипуляций итогами конкурса указывают и в немецкой прессе. Корреспондент информационного агентства *dpa*, в частности, ссылается на русские интернет-форумы, в которых очень популярна версия о том, что победу Невского в конкурсе инсценировали по указанию сверху. Так власть стремилась предотвратить полный позор, который России был бы гарантирован, если бы Сталин вышел в списке *Имя России* на первое место. Эту версию подтверждает и тот факт, что на второе место вышел мало кому известный Пётр Столыпин, считают российские пользователи.

В российских СМИ итоги конкурса прокомментировали весьма критически. Во многих изданиях цитируют *Независимую газету*, в которой читателям напоминают, что Александр Невский «военачальник, князь», был «близок с татаромонголами» и «известен по фильму, снятому при Сталине». Столыпин, по мнению издания, «в сталинскую вертикаль власти вписался бы идеально». Этот смысловой ряд и объясняет название статьи в *Независимой газете:* «Сталин, Сталин и Сталин».

В Германии в конкурсе 2003 года первое место занял Конрад Аденауэр, первый послевоенный канцлер, вторым стал реформатор церкви Мартин Лютер. А третье место занял... Карл Маркс, и это притом что глобальный экономический кризис ещё не потряс крупнейшие экономики мира. Но ни один поэт не пробрался в первую тройку самых великих немцев. Иоганна Вольфганга фон Гёте соотечественники удостоили седьмого места. Так что четвёртая позиция для Пушкина – это совсем не плохо.

По материалам газеты «Аргументы и факты», декабрь 2009

Результаты интернет-голосования

результаты конкурса «Имя Россия»	всего голосов: 4 498 840						
1	Александр Невский	524 575		7	Фёдор Достоевский	348 634	
2	Пётр Столыпин	523 766		8	Александр Суворов	329 028	
3	Иосиф Сталин	519 071		9	Дмитрий Менделеев	306 520	
4	Александр Пушкин	516 608		10	Иван IV Грозный	270 570	
5	Пётр I	448 857		11	Екатерина II	152 306	
6	Владимир Ленин	424 283		12	Александр II	134 622	

Конкурс в зеркале прессы

Такие голосования кажутся очень важными, ведь они служат повышению национального самосознания, укреплению русской гордости, помогают лучше изучить историю страны, историческое прошлое.

В данном конкурсе приняли участие почти пять миллионов человек. Сталин набрал больше полумиллиона голосов. Многие политики считали результаты «опасным симптомом». Если Сталин в России замечательный человек, то хорошо поработали не только коммунисты. Большое влияние оказал распад Советского Союза. Вопрос о сталинских репрессиях до сих пор является болезненным для российского общества. С другой стороны, в России очень многие помнят Сталина не столько как тирана, сколько как выдающегося государственного деятеля, в период нахождения которого у власти страна находилась едва ли не на пике своего могущества.

Работа над текстом

1 **Ответьте на вопросы.**

1. Где и когда был проведён конкурс *Имя России*?
2. Что вы узнали из текста о победителе конкурса?
3. Чем известен Пётр Столыпин?
4. В чём состоят «заслуги» Сталина?
5. Как реагировало население на проект *Имя Россия*?
6. Почему, по мнению авторов текстов, Сталин так долго лидировал в конкурсе?

2 **Проверьте свои знания. Что вы знаете о знаменитых российских личностях? В каком веке они жили, чем они занимались?**

Соберите как можно больше конкретных фактов и представьте свои результаты.

3 **А кого вы бы назвали «великим россиянином» и почему?**

4 **Обсудите смысл проведения таких конкурсов.**

5 **Перечислите признаки, по которым вы выбрали бы личностей, сыгравших большую роль в истории человечества.**

П **6** **Обсудите следующие факты.**

- Многие россияне проголосовали за Сталина, потому что он победил Гитлера.
- Столыпин многое сделал для развития России, только немцы его не знают.
- Романы Достоевского читают во многих странах мира.
- Екатерину II знают только в России.
- Пётр I европеизировал Россию и поэтому заслуживает первое место в списке.

Р Для выражения уверенности и сомнения пользуйтесь речевыми оборотами на стр. 151.

7 Великий русский поэт А. С. Пушкин интересовался историей России и особенно личностью Петра Первого. В 1826 году Александр Пушкин написал стихотворение «Стансы» – одно из первых стихотворений, посвящённых теме Петра.
Это время – самое начало правления Николая Первого – нового, ещё не известного царя.

Прочитайте стихотворение и докажите на основе текста, что Пушкин воспринимает Петра Первого как почти идеального монарха и ставит его в пример Николаю Первому.

СТАНСЫ

В надежде славы и добра
Гляжу вперёд я без боязни:
Начало славных дней Петра
Мрачили мятежи и казни.

Но правдой он привлёк сердца,
Но нравы укротил наукой,
И был от буйного стрельца
Пред ним отличен Долгорукой.

Самодержавною рукой
Он смело сеял просвещенье,
Не презирал страны родной:
Он знал её предназначенье.

То академик, то герой,
То мореплаватель, то плотник,
Он всеобъемлющей душой
На троне вечный был работник.

Семейным сходством будь же горд;
Во всём будь пращуру подобен:
Как он неутомим и твёрд,
И памятью, как он, незлобен.

А.С. Пушкин «Стансы», 1826

Stanzen

Besitz und Ruhm wird mir zuteil,
Hab keinen Anlass zu verzagen.
Denn Rebellion und Henkerbeil
Gab's auch in Peters frühen Tagen.

Doch siegte er durch Rechtlichkeit,
Verstand, die Wissenschaft zu nützen,
Maß Dolgorukij jederzeit
Mit anderem Maß als die Strelitzen.

Selbstherrlich herrschte er als Zar,
Um kühn Aufklärung zu verbreiten,
Stolz auf sein Land, wusste er, klar
Seine Bestimmung schon zu deuten.

Ein Werkmann auf dem Thron, fürwahr,
Im Schiffbau tätig; in der Schmiede,
Gelehrter, Held in Kriegsgefahr,
Als Schöpfer Russlands nimmermüde!

Sei stolz, du gleichst ihm offenbar!
So eifre nach nun seinem Bilde!
Unbeugsam bist du, wie er war,
Wetteifre auch mit seiner Milde!

Martin Remané

8 **Александр Пушкин лично познакомился с двумя царями – с Александром Первым и с Николаем Первым. Из дневника Пушкина от 10 мая 1834 года можно узнать, что поэт думал о Николае. Прочитайте запись и объясните, как Пушкин относился к царю.**

«... какая глубокая безнравственность в привычках нашего правительства! Полиция распечатывает письма мужа к жене и приносит их читать царю [...], и царь не стыдится в том признаться – и давать ход интриге, [...]! что ни говори, мудрено быть самодержавным».

9 **Тайна переписки одно из основных прав каждого человека.**
Обсудите вопрос: Имеют ли люди право вскрывать и читать чужие письма?
Как вы бы реагировали, если бы кто-нибудь вскрывал и читал ваши письма?

10 **Как хорошо вы знаете исторических личностей Германии?**
Прочитайте имена и постарайтесь объяснить: кто они, когда они жили и чем они известны.
Результаты немецкого конкурса *Наши лучшие*, опубликованные телеканалом *ZDF*. Проголосовало всего 1,8 миллиона телезрителей.

1	Konrad Adenauer	7	Johann Wolfgang von Goethe
2	Martin Luther	8	Johannes Gutenberg
3	Karl Marx	9	Otto von Bismarck
4	Geschwister Hans und Sophie Scholl	10	Albert Einstein
5	Willy Brandt	11	Adolph Kolping
6	Johann Sebastian Bach	12	Ludwig van Beethoven

П **11** **Опросите учеников, учителей и знакомых на тему** ***Кто из немцев заслужил бы попасть в список «Наши лучшие»?*** **Напишите об этом небольшую статью для русскоязычной газеты.**

Р Для написания статьи пользуйтесь речевыми оборотами на стр. 157.

Работа над языком

1 **Скажите по-другому.**

Образец решать, кто достоин возглавить список – голосовать за *кого-л.*

- вести дискуссии на ТВ
- выбрать кандидата
- отдать свой голос за *кого-л.*
- быть первым в списке
- известный своими реформаторскими планами
- набрать много голосов
- выйти на третье место
- вызвать немало критики
- выйти в число потенциальных лидеров
- результаты ставились под сомнение
- заявить в интервью
- итоги конкурса
- указывать на возможность манипуляций итогами конкурса
- предотвратить полный позор
- занять второе место
- пробраться в первую тройку

2 **Вам нужно подготовиться к докладу на тему** ***Какое значение имеет конкурс «Имя Россия» для понимания истории родины?*** **Используя словосочетания из упр. 1, составьте план доклада и напишите ключевые слова.**

До связи!

1 **Рассмотрите фотографии и рисунки. Как вы думаете, о каких темах пойдёт речь в этой главе?**

2 **Перечислите средства массовой информации и приведите конкретные примеры российских СМИ (название газет, сайтов и др.).**

3 **Какими источниками информации вы пользуетесь чаще всего? Составьте ваш личный рейтинг этих СМИ и сравните результаты своего рейтинга с результатами рейтинга своего партнёра по парте.**

4 **Посмотрите на график и скажите, какое место занимает реклама в российских СМИ. Что вы можете сказать о роли рекламы в Германии и для вас лично? (Смотрите ли вы телевизионную рекламу? Покупаете ли вы рекламируемые товары?)**

5 **Какой вид коммуникации вы предпочитаете и почему? Назовите плюсы и минусы таких видов коммуникации как письмо, имейл, СМС, чат, телефон, скайп.**

П 6 **Как вы понимаете карикатуру? Приведите свои примеры, которые показывают, какие изменения произошли в школьной жизни, а также в процессе обучения с появлением Интернета.**

Р Для описания карикатуры пользуйтесь речевыми оборотами на стр. 154.

Ну что, сынок, сам расскажешь как дела в школе? Или нам с мамой прочитать твой блог?

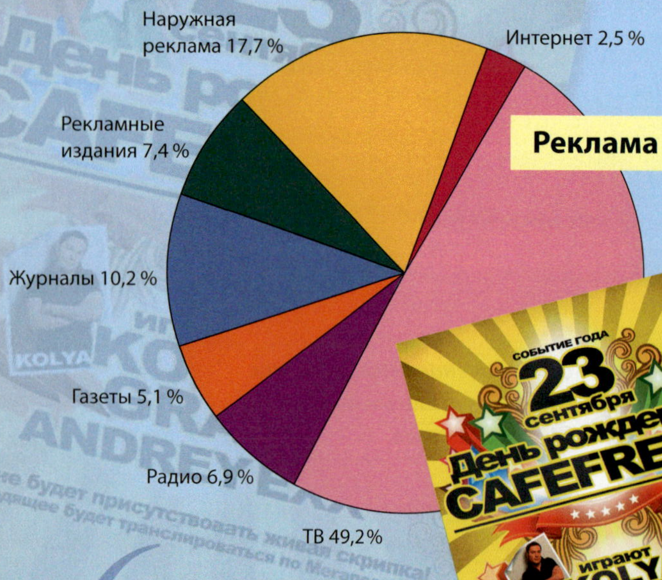

7 **Прослушайте текст *Самые читающие страны мира* и ответьте на вопросы.**
а) **Какая страна самая читающая, какая занимает второе место, третье и т. д.?**
б) **50 % россиян читают книги. А сколько процентов россиян читает газеты и журналы? Сколько процентов россиян вообще ничего не читает?**
в) **Почему россияне перестали быть самой читающей в мире нацией?**

ЛамеР	ВСЕМ ПРИВЕТ!!!!!!!!!!!!!!!!!!
ktulhu	нажми на кнопку Caps Lock ;-)
ЛамеР	О, СПАСИБО!!! ТАК СТАЛО НАМНОГО УДОБНЕЕ!!!!!
ktulhu	/:]

8 В Интернете уже давно распространяется эпидемия. И имя ей «падонкаффский» или «албанский язык». Этот язык не функциональный (как в случае англоязычных тинейджеров, сокращающих слово *great* до *gr8*), а пародийный, по простому закону: «Как слышется, так и пишется».

а) Напишите следующие слова на литературном русском языке.

аффтар, каменты, пашол, скороздь, «Фсем превед!», пралитайэм, акийан, адин, пицот

в) Приведите примеры интернет-сленга на немецком языке.

г) Как вы относитесь к изменениям, происходящим в языке под влиянием Интернета и СМС?

9 История Интернета начинается с 1969-го года с системы ARPANET. Интернет в своём современном виде появился в 1982 году. Как вы думаете, когда появились *google, www, e-mail, Yahoo, Wikipedia*? (1971, 1991, 1994, 1995, 2001)

10 Как, по вашему мнению будут развиваться СМИ в следующие 10 лет? Что будет развиваться дальше, а что забудется? Расскажите о СМИ вашей мечты, о его возможностях, устройстве, внешнем виде.

Веб Картинки Видео Карты Новости Группы Почта ещё

Google | матрёшка за 1600 рублей | Поиск

⊙ Поиск в Интернете ○ Поиск страниц на русском

Веб

Возможно, вы имели в виду: матрёшка за 1300 рублей

Яндекс — Поиск Карты Маркет Новости Словари Блоги Видео Картинки ещё ▼

СМИ | Найти

расширенный поиск

Интернет-зависимость

03.01. – 10:24 #1

Осциллятор

Только пришёл
Провел(а) на форуме: 28 мин 46 сек

✉ **Интернет-зависимость**

Как вы думаете, является ли интернет-зависимость болезнью?
Сколько в среднем вы тратите времени в день на Интернет?
А вообще на торчание у компа?
На что тратится в основном интернетовское время?
Пробовали ли вы бросать это занятие?

11.01. – 14:57 #2

Linnet

Свой
Провел(а) на форуме: 1 д 3 ч 19 мин

✉ **Re: Интернет-зависимость**

Я за комп падаю, когда работёнка есть или когда скучно. Хотя знаю немало людей, которые в Сети проводят много времени, их можно назвать зависимыми. Я думаю, от этого избавиться о4ень легко: нужно найти занятие поинтереснее и поувлекательнее. Всё!

12.01. – 17:06 #3

ПИРАНЬЯ

Пользователь
Адрес: река Амазонка
Провел(а) на форуме: 1 нед 1 д 9 ч

✉ **Re: Интернет-зависимость**

В первые дни, как Интернет подключили, с утра до ночи в Сети ползала и дня не могла прожить, чтоб не зайти туда. Бывало, вишу за компом... до утра, а потом иду на работу. Даже от мч, отмораживалась, только чтобы со своим ноутом повозиться.
Сейчас стало полегче ☺☺☺

О своей скромности я могу говорить часами…

6 торчание (*разг.*) Zeitvertreib, Hängen
19 мч молодой человек
19 отмораживаться (*разг.*) Beziehung zeitweise auf Eis legen
20 повозиться (*разг.*) sich abgeben

12.01. – 22:34	#4
Dimon  Местный Адрес: Moscow City Провел(а) на форуме: 3 д 8 ч 48 мин	✉ **Re: Интернет-зависимость** У меня вообще зависимости от компа нет, сижу чисто от нечего делать, чаще всего качаю фильмы, почти не играю. Но у меня есть один знакомый, который играет в Lineage2. Бывает, видно его пару раз в месяц, он белый, тощий, общаться вообще не о чём с ним, жаргон вообще – ничего не поймёшь. Я считаю, что эта самая настоящая болезнь, так как вся психика нарушена, человек никакой… Правильно говорят – паутина. А как выяснить глубинные причины этой зависимости?

26.01. – 23:21	#5
Осциллятор  Только пришёл Провел(а) на форуме: 35 мин 51 сек	✉ **Re: Интернет-зависимость** Видимо, форумы нужны для выражения эмоций. Имхо, реальное общение часто обладает недостатками по сравнению с виртуальным общением. Разные аудитории, возможность общаться на одну тему на протяжении дней, недель или месяцев. Можно «общаться», когда твой собеседник работает или даже спит во Владивостоке или занимается ещё чем-то. Всё это трудно совмещается в реальном общении.

27.01. – 16:28	#6
Goddess  Модератор Адрес: Украина Провел(а) на форуме: 3 нед 0 д 20 ч	✉ **Re: Интернет-зависимость** А что, Интернет – это зло? Он помогает, развлекает, … Да, например, на этом форуме я познакомилась с несколькими безумно интересными людьми. Мы общаемся только по инету, и они стали частью моей жизни. На этом большое спасибо. ЗЫ: Единственный большой минус – я заметила, что очень часто стала ссылаться на Интернет, что приводит к мысли, что для меня инет съел остальные источники информации. Не делай тело твоё гробом твоей души….

Из форума «пустоты.нет»

36 Lineage2 bekanntes Online-Rollenspiel
33 имхо (*англ.*) in my humble opinion (imho)
47 ЗЫ буквы PS (постскриптум) ср. русскую клавиатуру

Работа над текстом

1 **Сравните, кто из участников дольше всего находился в этом форуме. Скажите, на что участники форума тратят время, находясь в Интернете.**

2 **Сколько времени в день вы проводите в Интернете? В какое время дня (или ночи) вы обычно находитесь в Сети?**

3 **Допустим, вы хотите принять участие в этом форуме. Придумайте себе ник, собственный лозунг и добавьте своё сообщение.**

П 4 **Выберите одну из этих карикатур и опишите её. Что хочет сказать автор своей карикатурой?**

Р Для описания и интерпретации карикатур пользуйтесь речевыми оборотами на стр. 154.

П 5 **В телевизионном шоу *Алё, народ!* обсуждается тема *Виртуальное общение – за и против*. Гости этого шоу – участники форума «пустоты.нет».**

Разыграйте сценку этой передачи.

- введение в тему (один из двух телеведущих)
- представление гостей: краткие личные данные, главный тезис (оба телеведущих)
- каждый участник может коротко обосновать свой тезис (участники)
- вступление в дискуссию (все)
- конец дискуссии и итоги (один из двух телеведущих)

Р Для выражения собственного мнения пользуйтесь речевыми оборотами на стр. 150.

6 **Димон (автор сообщения № 4) встретил в интернет-клубе своего знакомого Максима, которого давно не видел. Максим познакомился в Сети с девушкой, а теперь он хочет познакомиться с ней «в реале». Между Димоном и Максимом завязался разговор.**

Напишите этот диалог, а затем разыграйте эту сцену.

7 **Что для вас является занятием «поинтереснее и поувлекательнее» (см. сообщение № 2), чем компьютер и Интернет?**

8 **С 1994 года существует национальный домен *.ru* (Россия), до этого *.su* (Советский Союз – Soviet Union).**

Сопоставьте следующим доменам соответствующие страны, республики бывшего СССР.

.ua .tm .by .am .uz .tj .kz .kg .ge .lv .az .md .lt. .ee

9 **Ваш русский друг, который гостит у вас, интересуется компьютерами. Помогите ему понять эту рекламу.**

Erscheint 6 mal jährlich Jahrespreis, im Abo: 22 € Deutschland, 25 € Ausland, Einzelpreis pro Heft: 4,20 €

COMPUTER
Das Magazin für Computerfreaks

Gefahr aus dem Netz –
die neuesten Antivirenprogramme im Vergleich

Legal Musik kopieren!
Die besten Adressen im Netz

46 Tipps, falls Ihr PC Ärger macht!

Lernhilfen im Internet
Garantiert bessere Noten. Die besten Internetseiten für Schüler, Studenten und Abiturienten

Die Heft-CD
E-Design 7.0
(Vollversion)
Erstellen Sie in wenigen Schritten Ihre Homepage! Keine Programmkenntnisse nötig!

Bestellmöglichkeit unter www.comp-freaks.de oder unter Com-Verlag, Postfach 21258, 73431 Aalen
Auch Geschenkabos möglich! Bitte nachfragen!

Работа над языком

1 *Интернет, компьютер*

а) **Найдите в сообщениях форума варианты этих слов.**

б) **Какие глаголы употребляются в сочетании с этими существительными?**

2 **В чате или сообщениях форума часто встречаются сокращения или аббревиатуры. Найдите в текстах сообщений сокращения и назовите их полную форму.**

3 **В русскоязычном чате широко используются цифры, например: 3 = з, 4 = ч, 6 = ш, … Расшифруйте следующие слова и приведите подобные примеры в немецком или английском языках.**

о4ень 3emlya с4астье о5 bude6 7я 100лица 4еловек 5ница

4 **Переведите прилагательные на немецкий язык и подберите к ним существительные.**

Образец а) оптимальный ⇨ optimal, оптимальный вариант

реальный виртуальный формальный экспериментальный оригинальный визуальный индустриальный гениальный

Образец б) агрессивный ⇨ aggressiv, агрессивное поведение

примитивный интенсивный коммуникативный эксклюзивный объективный экспрессивный наивный депрессивный

5 **Игра *Скачай из Интернета***
Участники становятся в круг.
Один из учеников начинает игру словами: «Я скачал из Интернета программу Winzip 7.0 ».
Следующий повторяет: «Я скачал из Интернета программу Winzip 7.0 и реферат о Гагарине».
Третий уже говорит: «Я скачал из Интернета Winzip 7.0, реферат о Гагарине и фотографию Аршавина».
Если участник ошибся – выбывает. Первому достаётся самая длинная цепочка, он добавляет опять своё, и так пока не останется один участник.

Люблю СМС, но скучаю по письмам

Михаил Лурье – 35-летний филолог, кандидат искусствоведения. Доцент кафедры детской литературы Санкт-Петербургского университета культуры и искусства. Преподаватель русского языка и литературы Академической гимназии Санкт-Петербургского университета. Области исследований – современный фольклор, молодёжные субкультуры, граффити.

Михаил, существует ли такое явление, как СМС-культура?

Конечно. Если говорить о типе культуры или о культурной эпохе, то, конечно, СМС – это только часть современной компьютерно-мобильной эпохи. И та социально-возрастная группа, которая есть плоть от плоти этой культуры, – это тинейджеры (от 13 до 19 лет) и молодёжь студенческого возраста. Окончательно это поколение сформировалось в конце 90-х, и на самом деле из *поколения пепси* получилось *поколение PC*.

Мне, как преподавателю, любопытно было наблюдать за стремительным, в течение 3 – 4 лет, распространением этой культуры. Чудо СМС состоит в том, что у людей появилась уникальная возможность практически мгновенно передать сообщение от себя любому другому человеку. Получать и принимать теперь возможно фактически от тела к телу, потому что мобильник – это уже даже не одежда, а вроде как электронный орган.

Свободного времени для такой практики должно быть достаточно много.

В том-то и дело, что это происходит не в свободное время, а во время всей жизни. Я недавно был на концерте фортепьянной музыки. Рядом сидел юноша, который внимательно слушал Бетховена и Шуберта. В какой-то момент у него задрожал мобильник, и он минут пять писал сообщение, потом положил телефон в карман. Я сидел и думал: но ведь я, слушая эту музыку, могу уходить мыслями в какие-то свои дела, планы, что-то вспоминать. И этот юноша – он также живёт своей обычной внутренней жизнью и под музыку Бетховена, а СМС-общение для него – просто часть жизни.

Грозят ли нам деградация личностного общения и упрощение языка?

Конечно, язык СМС-ок может отличаться от языка других форм письменной речи. Для всех, кто немножко в этом участвовал, приблизительно понятно, что такое стиль общения в чате. Это совсем не то, что обычная речь – короткие выражения, большое количество экспрессивной лексики. Если я целый день буду только переписываться СМС-ками, ничего другого не писать и не читать, то под вечер мне будет довольно сложно написать длинное письмо. Не исключено, что у подростков, которые много общаются в чатах и переписываются посредством СМС, будут некоторые проблемы с речевой компетенцией.

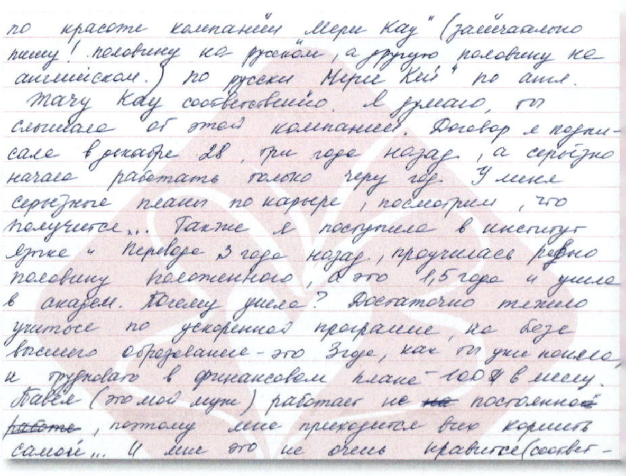
по красоте компаний „Мери Кэй" (замечательно пишу! половину на русском, а другую половину на английском.) по русски „Мери Кей" по англ. Мэри Кэй соответственно. Я думаю, ты слышала об этой компании. Договор я подписала в декабре 28, три года назад, а серьёзно начала работать только через год. У меня серьёзные планы по карьере, посмотрим, что получится... Также я поступила в институт Языка и Перевода 3 года назад, проучилась ровно половину положенного, а это 1,5 года и ушла в академ. Почему ушла? Достаточно тяжело учиться по ускоренной программе, на базе высшего образования – это 3 года, как ты уже поняла, и трудновато в финансовом плане – 100$ в месяц. Павел (это мой муж) работает не ~~на~~ постоянной работе, поэтому мне приходится всех кормить самой... И мне это не очень нравится (соответ-

Традиционное бумажное письмо умрёт?

Не думаю. Если умрёт, то не скоро, как не собираются умирать сегодня бумажные книги. Скорее всего, получит новую жизнь в статусе модного раритета, эксклюзивного стиля. Одна моя екатеринбургская знакомая, когда приезжает в Питер, общается со мной с помощью СМС. А из родного Екатеринбурга присылает мне большие письма, написанные от руки на бумаге, хотя имеет там все электронные возможности связи. Она художник, поэтому для неё само по себе письмо – тоже художественное творчество, и совсем от этого отказаться она не может и не хочет.

А кроме как от неё я уже очень давно не получаю ни от кого рукописных писем в конвертах. Да и сам не писал: некогда и электронная-то переписка много времени забирает. А жаль, я тоже по ним скучаю.

По материалам журнала «Огонёк», № 07, 14 февраля 2005

Работа над текстом

1 **Правильно или неправильно?**

1. *Поколение пепси* сформировалось в конце 90-х годов.
2. СМС-культура особенно распространена среди школьников и студентов.
3. СМС-культура образовалась очень быстро.
4. Тинейджерам, которые общаются в чатах или переписываются СМС-ками, очень сложно говорить и писать правильно.
5. Статус традиционного бумажного письма изменится.

2 **Объясните, что для Лурье означает поколение «PC».**

П **3** **Выскажите своё согласие или несогласие со следующими точками зрения и объясните, почему вы так думаете. Приведите свои аргументы.**

а) Бумажное письмо скоро умрёт.
б) Мне очень приятно получать бумажные письма.
в) Я не думаю, что чат или СМС сильно влияют на язык.
г) СМС и чат отнимают много времени.
д) Меня раздражают звонки мобильных телефонов во время важных встреч или концертов.

Р Для выражения согласия и несогласия пользуйтесь речевыми оборотами на стр. 150.

4 ***Люблю СМС, но скучаю по письмам.* Прокомментируйте заголовок интервью. Какой вид переписки вы предпочитаете? С кем, когда и по какому поводу?**

П **5** **Екатеринбургская знакомая Лурье пишет ему в письме о том, каким она видит будущее традиционного бумажного письма. Напишите это письмо.**

Р Для написания письма пользуйтесь речевыми оборотами на стр. 156.

6 **На что указывают примеры 1 и 2? Деградация, упрощение или, наоборот, обогащение русского языка? Обсудите этот вопрос.**

Пример 1:

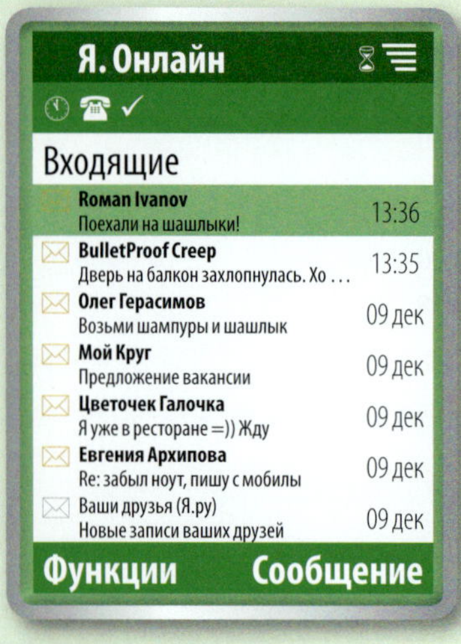

Пример 2:

7 **Представьте себе ситуацию: на автобусной остановке вы нашли сотовый телефон. При включении телефона вы обнаружили, что это «русский» телефон. Вы хотите непременно вернуть телефон его владельцу.**

а) **Во входящих находится одно-единственное СМС-сообщение. Придумайте содержание этого сообщения и напишите его.**

б) **Вдруг на сотовом телефоне раздаётся звонок. Звонит хозяйка телефона, которая уже заметила, что его где-то потеряла. У вас завязывается интересный разговор. Напишите содержание этого разговора.**

в) **Вы договариваетесь о встрече, чтобы отдать мобильник хозяйке. Но эта встреча заканчивается неудачей. Разыграйте эту встречу по ролям или напишите комикс.**

8 **Организуйте workshop на тему *Современная молодёжная культура*. Вы можете пользоваться Интернетом.**

1 фаза: Каждая группа собирает материал по своей теме. Таким образом, вы становитесь «экспертами». Вашу тему вы должны разработать в виде workshop для других групп и приготовить для них нужный материал.

2 фаза: Каждая группа проходит workshop по кругу (Lernzirkel) с помощью одного из «экспертов». На каждое задание даётся 15 минут. «Эксперты» группы должны меняться.

workshop 1: Составьте краткий русско-немецкий «СМС-словарь для чайников[1]» (фаза 1). Объясните правила пользования вашим словарём. Участники должны написать СМС-диалог, пользуясь вашим словарём (*фаза 2*).

workshop 2: Вы нашли тайник[2] Полины, которая была тинейджером во время так называемого *поколения пепси*. В этой коробке есть фотографии, стихи, песни, вещи … того времени. Соберите материал для этого тайника (*фаза 1*). Объясните его. Участники должны оформить этот материал в виде альбома с комментариями или дневника Полины (*фаза 2*).

workshop 3: Создайте слайд-шоу *Граффити в России* (*фаза 1*). Покажите вашу презентацию. Участники должны создать собственные граффити на актуальную тему (фаза 2).

1 чайник (*разг.*) Anfänger
2 тайник Geheimfach

Работа над языком

1 **В современном русском языке часто встречаются слова, которые пишутся латиницей. Найдите примеры в тексте и назовите возможные русские варианты.**

Образец *PC*: ПК = персональный компьютер

2 **Словарь смайликов. Прочитайте пояснения, которые написаны в этом словаре. Преобразуйте их употребляя относительное местоимение *который*.**

Образец :-) улыбающийся – тот, который улыбается

	Словарь смайликов
:-)	улыбающийся
:-D	радостно смеющийся
:-I	задумчивый, нейтральный
:-(	грустный
:-0	удивлённый (рот открыт)
/:]	едет крыша
>:0	кричащий в гневе
;-)	подмигивающий

3 **«Плоть от плоти» (см. стр. 130, строку 6) – это выражение из Библии (см. Бытие 2,23). Подобные цитаты из Библии часто встречаются как в немецком, так и в русском языке.**

Найдите немецкие аналоги следующих выражений из Библии и передайте их смысл.

а) «Первые будут последними» (Евангелие от *Матфея 19, 30*)
б) «Левая рука не знает, что делает правая» (Евангелие от *Матфея 6, 3*)
в) «Человек предполагает, а Бог располагает» (*Притчи 16, 9*)
г) «Посылать от Понтия к Пилату» (Евангелие от *Луки 23, 11*)
д) «Всему своё время» (*Екклесиаст 3, 1*)

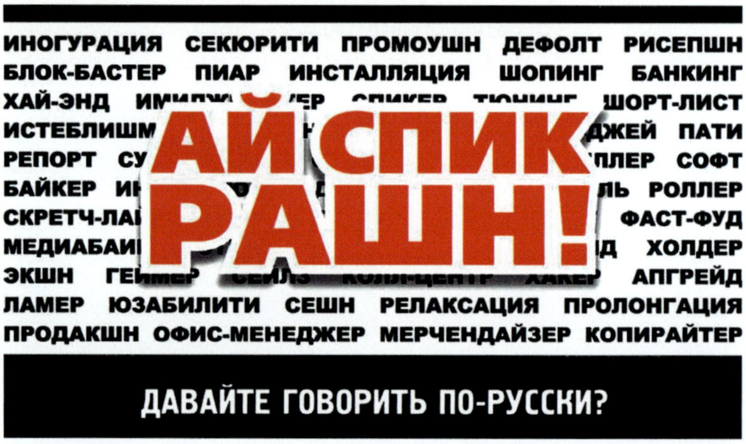

1 Выберите одну из реклам и подробно её опишите (текст, дизайн). Какое действие она хочет произвести на смотрящего? Какими средствами она хочет достичь своей цели? Как вам нравится эта реклама?

2 Задний план рекламы *Ай спик рашн!* состоит из множества англицизмов. Найдите как можно больше аналогов в русском и немецком языках.

3 **Соотнесите рекламные слоганы с предложенными товарами и услугами. Обоснуйте свой выбор. Сравните свои результаты с результатами партнёра по парте.**

1	«Мы будим Вас по утрам»	автомобиль	Н
2	«Всегда на высоте»	косметика	Я
3	«Найдётся всё»	газета по трудоустройству	А
4	«Информация под защитой»	лекарство	А
5	«У нас нет постоянных читателей»	антивирусная программа	И
6	«Не откладывай жизнь на завтра»	ежедневная газета	С
7	«Для хорошего отдыха нужна хорошая компания»	поисковая система	Ц
8	«Исключительный контроль над дорогой»	банк	Л
9	«Мы болеем за Ваше здоровье»	авиакомпания	О
10	«Не теряя времени – теряй годы»	туристическое агентство	Ь

Буквы в правильном порядке – это особый вид рекламы.

4 **Представьте себе ситуацию: во время летних каникул вы хотите подработать распространителем рекламных листовок.**

а) **Прочитайте текст этой рекламы и опишите её язык.**

б) **Что вы узнали о компании *Интерес*? Загляните на сайт этой фирмы.**

в) **Каким образом можно связаться с этой компанией?**

г) **Вы звоните в эту фирму, чтобы получить больше информации. Разыграйте этот телефонный разговор.**

д) **Вы намерены отправить своё резюме по электронной почте. Составьте текст этого резюме.**

Вас ждёт:

- стабильный оклад + % с продаж
- бесплатное обучение в компании
- удобный график работы (5/2, 2/2)
- возможность для дальнейшего развития в профессиональной сфере
- оформление с полным соблюдением ТК, дотация на питание
- молодой и дружный коллектив

Прямо сейчас Вы можете заполнить анкету в нашем магазине

Более подробную информацию Вы сможете получить в отделе кадров и управления персоналом по телефону:

8 (495) 450-6300, доб. 3240

Для отправки резюме:
rudm@1c.ru **www.1c-interes.ru**

5 **Найдите в Интернете материал о современной российской рекламе и организуйте выставку. Проведите в классе голосование и составьте рейтинг самой лучшей рекламы.**

6 **Выберите одну из компаний из упр. 3.**

Группа 1: Напишите сценарий для рекламного ролика и разыграйте его.
Группа 2: Составьте рекламный плакат к слогану.
Группа 3: Создайте веб-страницу этой компании.

7 **Послушайте рекламные радиоролики № 1 – 3. Кто что в них рекламирует? Что вы узнали в этой рекламе о рекламодателях? Как и когда с ними можно связаться?**

8 **Прослушайте ролик № 4. В чём заключается шутка в этой рекламе?**

Германия и Россия – стереотипы восприятия

Страна нефтяных вышек и пьяных мужиков – это Россия в глазах многих немцев. Пиво, сосиски и пунктуальность – такова Германия для россиян. Одержимы ли мы стереотипами, или всё-таки есть доля правды в этих клише?

Германия и Россия стремятся избавиться от стереотипов, оставшихся в наследство от тоталитаризма и времён *холодной войны*. Глобально подвижки в этом направлении заметны, однако бытовые клише, увы, весьма живучи...

Что думают немцы о русских?

«В России самые красивые и хозяйственные девушки»

Насчёт красоты никто не спорит: россиянки дважды за последние три года становились обладательницами титула «Мисс Вселенная».
Легендарная же хозяйственность русской женщины превращается в практичную деловитость. «Если я могу купить мясной салат в магазине, зачем же мне резать его самой», – говорит 41-летняя Елена.

«В России живут одни алкоголики и мафиози»

Насчёт алкоголизма статистика действительно неутешительна. Но... население вооружённой до зубов России составляет 143,5 миллиона человек, и если бы её мужскую часть большей частью составляли пьющие мафиози, то от мира бы давно ничего не осталось. Разумнее говорить о непонятной другим культуре пития в России, например, пить на посошок или не ставить пустую бутылку на стол.

Что думают русские о немцах?

«Немцы аккуратны, пунктуальны, бережливы»

«Некоторые немцы не отличаются особой пунктуальностью, как я, например», – смеётся Бригитте Эрбах. – И транспорт у нас опаздывает часто.»
Экономность же связана с дороговизной жизни в ФРГ. Около половины зарплаты среднестатистического немца уходит на пенсионное страхование (19,5 %), страхование по болезни (14 % плюс доплаты) и по безработице (7%). Вместе с тем пожилые немцы особо не экономят, расходуя до 75 % своего дохода.

«Все немцы пьют пиво и едят сосиски»

Пивом Германия славится: более 300 сортов. Но пьют его далеко не все и не всякое. Женщины традиционно предпочитают вино или коктейли, мужчины же чаще заседают в тех пивных, которые оборудованы пивоварнями. «Сосисками» же можно обозначить всю разнообразную немецкую мясную гастрономию.

Перечислить все клише, за счёт которых мозг облегчает себе процесс мышления, сложно. Преодолеть их все, по мнению психологов, можно только заинтересовавшись чем-то по-настоящему.

По материалам сайта «DW-WORLD.DE», 2005

«В России маленькие зарплаты»

Ежемесячный доход 23,4 % опрошенных составляет в среднем 100 долларов США, при этом только у каждого второго из этой группы был доход, превышающий 50 долларов США. В России 15 «долларовых» миллиардеров и несколько сот миллионеров. Число «рублёвых» миллионеров в России по приблизительным оценкам экспертов составляет от 300 тысяч до одного миллиона.

«Все немцы ездят на немецких машинах»

Немецких машин в Германии и вправду много. Стоят они дороже импортных, зато запчасти обходятся на порядок дешевле.
Но в рейтингах популярности все чаще мелькают «японки» и «француженки».

«Большинство людей в России живёт в деревнях»

По данным за 2005 год, лишь 27 % населения России проживает в деревнях.

«В Германии слушают исключительно рок, а чаще всего Rammstein»

Да, в Германии много групп играют в различных направлениях Heavy Metal. Только на сайте MP3.de этих направлений представлено восемь. И все же «другой музыки» здесь тоже много. А та же группа Rammstein объясняет брутальность своего имиджа пародией на стереотипы восприятия Германии иностранцами.

Работа над текстом

1 **Опишите, каким образом фотографии отражают или подчёркивают клише, о которых идёт речь в тексте.**

2 **Проведите среди своих знакомых, которые не знают русского языка, опрос на тему *Что у Вас ассоциируется с Россией?*. Какие из ответов для вас являются клише?**

П **3** **Посмотрите статистику и ответьте на вопросы.**

а) Сколько процентов немцев считает, что русские гостеприимные люди?
б) Какое из высказываний о немцах русские считают наиболее правильным?
в) Что русские «знают» о Германии согласно этой статистике?
Насколько вы согласны с их мнением?

Р Для описания и интерпретации статистики пользуйтесь речевыми оборотами на стр. 158.

4 **Ваше мнение о стереотипах.**

Группа 1: Проведите интервью на тему *Что думают немцы о русских?*
а) с человеком старшего поколения,
б) с человеком поколения ваших родителей,
в) с одним из своих ровесников.

Группа 2: В рекламе часто работают со стереотипами. Найдите в Интернете примеры типично русской или типично немецкой рекламы.

Группа 3: В карикатурах часто используются клише. Нарисуйте карикатуру на тему *Новый русский*.

Группа 4: *Русско-немецкий молодёжный форум* объявил конкурс на тему *Как преодолеть предубеждения между русскими и немцами*. Вы хотите участвовать в этом конкурсе. Сочините текст в форме рэпа.

5 **Чувство «Ю»: «Новый русский».**

☺ В купе поезда бабуся говорит новому русскому:
– Молодой человек, вы не могли бы освободить для меня нижнюю полку?
– Могу, мамаша! Тебе в каком купе?

☺ Приходит новый русский в роддом[1] и спрашивает:
– Ну что?
Врач:
– Поздравляем, у Вас родился мальчик.
– Хорошо, сколько?
– Три пятьсот!
– Нет проблем, раз, два, три, пятьсот.

☺ Приходит «новый русский» автомобиль покупать. Выбирает 600-й мерс. Продавец говорит:
– Отлично, пойдём документы оформлять.
Просматривая документы замечает:
– Да, но вы же у нас только неделю назад взяли точно такой!
Новый русский:
– Ааа, ну у того пепельница[2] уже давно переполнилась…

Посмотрите на рисунок и прочитайте анекдоты.
Опишите атрибуты «нового русского» и его поведение.

1 роддом Geburtsklinik
2 пепельница Aschenbecher

Работа над языком

1 **Найдите в тексте (стр. 136–137) все слова, характеризующие русских и немцев.**

2 **Выпишите из текста абстрактные существительные, образованные от прилагательных.**

Образец красота – красивый, хозяйственность – …

3 **Сформулируйте своими словами.**
1. Некоторые немцы не отличаются особой пунктуальностью.
2. Запчасти обходятся на порядок дешевле.
3. Россиянки дважды за последние три года становились обладательницами титула «Мисс Вселенная».
4. Ежемесячный доход 23,4 % опрошенных составляет в среднем 100 долларов США.
5. Глобально подвижки заметны, однако бытовые клише весьма живучи.

4 **Немного математики**

дробные числа:
$\frac{1}{2}$ = одна вторая (= половина), $\frac{1}{3}$ = (одна) треть, $\frac{1}{4}$ = (одна) четверть,
$\frac{1}{5}$, $\frac{1}{6}$, … = одна пятая, шестая, …, $\frac{2}{3}$ = две трети
десятичные числа:

0,1	= одна десятая
1,5	= одна целая пять десятых
2,04	= две целых четыре сотых

а) **Как это можно сказать иначе?**

дважды | 143,5 миллиона | 75 % | около половины | 1,5 | 15 минут | полкило

б) **Найдите в тексте все числительные и напишите их прописью.**

в) **Округлите все числа, встречающиеся в тексте, используя *около, почти, больше/меньше, приблизительно, примерно …***

КОМИКС Один день в жизни школьника

1 **Прочитайте комикс. Что могли бы сказать люди со знаком ? Придумайте текст.**

2 **Представьте себе, что аккумулятор мобильника не разрядился.**

а) **Придумайте другой конец комикса.**

б) **Придумайте другой заголовок.**

1. Резюме литературного текста

Введение:

а) Название литературного произведения и его издания

Рассказ (Повесть, Роман) называется «...».
Повесть (Книга) была напечатана в издательстве «...».
Сборник стихотворений (русских сказок) был выпущен издательством «...».
Роман был опубликован в ... году.

б) Автор

Автор рассказа – малоизвестный (малоизвестная) писатель(ница) ...
Автором этого рассказа (романа) является знаменитый русский писатель (знаменитая русская писательница) ...
Он(а) знаменит(а) *(чем?)* ...
Он(а) известен (известна) *(чем?)* ...
Главная тема его (её) творчества – это ...

в) Классификация литературных произведений

Это его (её) первый (последний) роман.
Произведение относится к жанру ...
~ сатирического рассказа.
~ научной фантастики.

По литературному жанру это – ...
~ роман.
~ повесть.
~ басня.
~ сказка.
~ стихотворение.

г) Главная тема произведения

Это произведение на тему *(чего?)* ...
Сюжет *(чего?)* ... основан на *(чём?)* ...
Рассказ занимается темой *(чего?)* ...
Главная тема *(чего?)* – ...
Роман (Рассказ) посвящён теме (проблеме, вопросу) *(кого? чего?)* ...
Автор пишет о *(ком? чём?)* ...
Автор обращается к теме (к проблеме) *(кого? чего?)* ...

Главная часть:

а) Тематика и проблематика литературного произведения

Во-первых, автор затрагивает актуальную проблему *(кого? чего?)* ...
Во-вторых, он раскрывает внутренний мир *(кого?)* ...
В-третьих, (Далее) автор выделяет роль *(кого? чего?)* ...
Автор освещает следующие проблемы: ...
В (этом) рассказе речь идёт (говорится) о *(ком? чём?)* ...

б) Место, время и развитие действия

Действие *(чего?)* происходит в ... году (годах).

Действие *(чего?)* начинается в (на) *(где?)* ...

Место действия *(чего?)* – ...

Автор описывает (показывает) нам *(кого? что?)* ...

Действие *(чего?)* продолжается *(сколько времени? как долго?)* ...

- ~ один год.
- ~ (только) один день *(какого?)* ... года.
- ~ мгновение в жизни (*кого?*) ...
- ~ лишь несколько дней.

В (самом) начале *(чего?)* ...

В ходе действия читатель узнаёт *(что? о ком? о чём?)* ...

В конце *(чего?)* автор показывает *(что?)* ...

Это является главным моментом в развитии действия.

в) Персонажи литературного произведения

Главный герой (Главная героиня) *(чего?)* – ...

Важную роль в *(чём?)* ... играет образ (*кого?*) ...

Для него (неё) характерно (то), что ...

Автор ...

- ~ изображает главного героя (главную героиню) в начале рассказа, приводя факты из его (её) биографии.
- ~ описывает внешность *(кого?)* ... и раскрывает его (её) характер посредством *(чего?)* ...
- ~ показывает внутренний мир *(кого?)* ...

г) Точка зрения и мысли (идеи) автора

Автор отрицательно (положительно, иронически, верно) оценивает (поведение) главных (второстепенных) персонажей.

Своим рассказом автор хочет сказать, что ...

Автор высказывает (верную) мысль о том, что ...

Автор выражает свою точку зрения прямо (открыто, эмоционально).

Писатель помогает нам узнать (понять) жизнь (действительность).

Заключение:

Оценка литературного произведения

Роман мне (не) понравился, потому что ...

- ~ главный герой произвёл на меня большое впечатление.
- ~ главная героиня не произвела на меня никакого впечатления.
- ~ в жизни совсем не так.
- ~ в нашей жизни так действительно (часто) случается (бывает).
- ~ описанные автором проблемы (не) интересуют молодых людей.

Рассказ очень интересен (грустен, необычен).

Это очень интересный (весёлый, грустный) рассказ.

Это печальная (познавательная, поучительная) история.

Конец *(чего?)* ... печален (ироничен, поучителен).

В тексте, по-моему, правильно говорится, что ...

По-моему, автору (писателю, писательнице) (не) удалось охарактеризовать (*кого? что?*) ...

Я (не) могу согласиться с тем, что ...

2. Описание внешности и чёрт характера человека

а) Возраст

Недавно (6 августа) ему (ей) исполнился 21 год (исполнилось 22 года, 25 лет).
Ему (Ей) ещё нет восьми (лет).
Ему (Ей) за двадцать (лет).
Мальчик (Девочка) семнадцати лет (лет семнадцати).
Он (Она) очень мóлод (молодá).
Он (Она) уже немóлод (немолодá).
Ему (Ей) около сорока (лет).
Ему (Ей) под пятьдесят.
Он (Она) в пожилом возрасте (в возрасте, в годах *разг.*).
Ему (Ей) на вид лет шестьдесят.
Он (Она) стар (старá)/ в преклонном возрасте.
Он (Она) выглядит моложе (старше) своих лет.
Он (Она) выглядит мóлодо.

б) Внешний вид

Телосложение

Он (Она) человек крепкого (слабого, атлетического, стройного, плотного) телосложения.
У него (неё) стройная (спортивная, идеальная, полная, изящная, худощавая) фигура.
Его (Её) рост – около (ниже, выше) 180 сантиметров.
Он (Она) (человек) (не)высокого (среднего, маленького, низкого) роста.
Он (Она) на голову выше (ниже, меньше) отца (матери).
Он (Она) выглядит (*как? каким?*) ...

~ хорошо (плохо, устало, свежó, ухоженно, потрясающе).
~ усталым (здоровым, весёлым).

Он (Она) потолстел(а) (пополнел(а), похудел(а), постарел(а), помолодел(а)).

Лицо

У него (неё) (*какое?*) ... лицо.

~ круглое (овальное, длинное, квадратное, ватянутое, широкое, узкое, плоское)
~ красивое (бледное, смуглое, загорелое)
~ измождённое (изнурённое, утомлённое)

У него (неё) правильные (красивые, крупные, мелкие, тонкие, грубые) черты лица.
У него (неё) высокий (низкий, большой, маленький) лоб.
У него (неё) (*какие?*) ... глаза.

~ серые (голубые, синие, тёмно-карие, светло-зелёные, чёрные)
~ большие (огромные, круглые, миндалевидные, раскосые, узкие)
~ добрые (живые, выразительные, умные, проницательные, хитрые)
~ печальные (весёлые, искрящиеся, тусклые, безжизненные)

У него (неё) длинные (короткие, густые) ресницы.
У него (неё) прямой (короткий, длинный, вздёрнутый, маленький, большой) нос.
У него (неё) тонкие (полные, красивые, бледные, яркие) губы.
У него (неё) длинная (короткая, красивая, худая, полная) шея.

Волосы

У него (неё) (*какие?*) ... волосы.

~ тёмные (седые, светлые, тёмно-каштановые, ярко-рыжие, светло-русые)
~ окрашенные (мелированные, ухоженные)
~ длинные (длинные до плеч, короткие, коротко стриженные)
~ редкие (густые, тонкие, пушистые)
~ гладкие (прямые, кудрявые, волнистые, вьющиеся, красивые, блестящие)

Он (Она) блондин(ка) (брюнет(ка), шатен(ка)).

У него лысина.

Одежда

Он (Она) ...

~ (всегда) одет(а) (*во что*?) ...
~ (постоянно) носит (*что*?) ...

Он (Она) одевается / одет(а) (*как?*) ...

~ аккуратно (опрятно, скромно, шикарно).
~ элегантно (со вкусом, модно, по последнему крику моды, современно).
~ плохо (как попало, по-старомодному).
~ безвкусно (вульгарно).

в) Поведение и характер

Он ... парень.

~ честный (откровенный, искренний)
~ вежливый (любезный, приятный)

Она ... девушка.

~ внимательная (заботливая)
~ спокойная (тихая, молчаливая)

Он (Она) (*какой?*) ... человек.

~ простой (скромный)
~ разговорчивый (задумчивый)
~ уравновешенный (сдержанный)
~ (не)воспитанный ((не)культурный, (не)тактичный)
~ доброжелательный (гостеприимный)
~ шумный (болтливый)
~ замкнутый (скрытый)
~ грубый (вспыльчивый, обидчивый)
~ ревнивый (мстительный)
~ добрый (добродушный, великодушный)
~ приветливый (чуткий, сердечный, отзывчивый)
~ общительный (открытый)
~ высокомерный (гордый)
~ самолюбивый (себялюбивый, самоуверенный)
~ тщеславный (лицемерный)
~ жадный (скупой, злой, жестокий)
~ трудолюбивый (добросовестный, надёжный, инициативный, педантичный)
~ сознательный (дисциплинированный, организованный, требовательный)
~ решительный (целеустремлённый, энергичный, смелый)
~ ответственный (строгий, серьёзный, справедливый)
~ ленивый (небрежный, недобросовестный, безынициативный)
~ неорганизованный (безвольный, слабохарактерный)
~ трусливый (слабовольный, опасливый)

Он (Она) эгоист(ка) / эгоцентрист(ка).
Он (Она) смотрит на жизнь (*как?*) ...
- ~ объективно (реалистично, трезво, здраво, оптимистически, пессимистически).
- ~ по-обывательски (легкомысленно, легко, сквозь розовые очки).
- ~ с оптимизмом (с надеждой, другими глазами).

Он (Она) поступает (ведёт себя) (*как?*) ...
- ~ разумно (сознательно, корректно, правильно).
- ~ необъективно (принципиально, беспринципно, несознательно, нагло).

г) Способности

Он (Она) (*какой?*) ... человек.
- ~ умный (образованный, интеллигентный, рассудительный)
- ~ одарённый (способный, талантливый, гениальный)

Он (Она) умён (умна́) / неглуп (неглупа́).
У этого человека математические (музыкальные, художественные) способности.

3. Объяснение (обоснование) мнения, цитаты, тезиса, пословицы

Введение:

а) Назвать исходное мнение, цитату, тезис и т. д.

Я цитирую Пушкина (Чехова): «...».
Предложение в последнем абзаце *(чего?)* – это цитата *(чья? кого?)* ...
Цитата находится ...
- ~ на (*какой?*) странице.
- ~ в (*каком?*) абзаце.
- ~ в (*какой?*) стро(ч)ке.

Мне хочется процитировать следующее высказывание *(чьё? кого?)*: «...».
Я исхожу из следующего тезиса: ...

б) Переход от исходного предложения к объяснению

Это можно ...
- ~ объяснить так: ...
- ~ доказать следующим образом: ...

Кроме того, это (можно) легко проверить.
Это объясняется следующим: ...

Главная часть – изложение аргументов, объяснений, доводов, обоснований:

а) Связь и последовательность мыслей

Во-первых, ...
Во-вторых, ...
В-третьих, ...
Наконец, ...
..., например, ...
..., к примеру, ...
Допустим, ...
Значит, ...
Следовательно, ...

Если бы каждый человек на куске земли своей сделал бы всё, что он может, как прекрасна была бы земля наша.

А. П. Чехов

б) Констатация факта

Можно установить, что ...
Документы подтверждают этот тезис.
Данный материал подтверждает, что ...
Я констатирую, что ...
Я вижу, что ...
Как показывают факты, ...
Я хотел(а) бы (хочу) отметить, что ...
Факты свидетельствуют о том, что ...
Данные примеры являются подтверждением *(чего?)* ...

Слово – самое сильное оружие человека.
Аристотель

в) Выражение мысли

Я хотел(а) бы (хочу) привести несколько примеров.
В качестве примера я могу привести следующее: ...
Это подтверждает следующий пример: ...

Краткость – сестра таланта.
А.П. Чехов

г) Добавление к сказанному

Хотелось бы сказать также о *(ком? чём?)* ...
Я хотел(а) бы (Мне хотелось) бы добавить, что ...
Кроме того, необходимо (следует, нужно, надо) ещё отметить, что ...

д) Частичное несогласие

В общем (В принципе) это правильно, но ...
В принципе с этим можно согласиться, но ...
Всё это так, но не следует (нужно, надо) забывать, что ...

Ученье – свет, а неученье – тьма.
А.В. Суворов

Вывод:

Итак, ...
Таким образом, ...
Вот почему ...
Из сказанного следует, что ...
Итак, (давайте) подведём итоги: ...
Итак, (давайте) сделаем вывод(ы): ...

Уважение имеет границы, а любовь – никаких.
М.Ю. Лермонтов

4. Презентация/Доклад

Во вступительной части презентации (доклада):

Объявление темы презентации (доклада)

Нас (всех) волнует ...
- ~ проблема *(кого? чего?)* ...
- ~ тема (*чего?*) ...
- ~ вопрос (*чего?*) ...

Поэтому я хочу (по)говорить (с вами) о *(ком? чём?)* ...
Главный вопрос, на который я (по)пытаюсь/(по)стараюсь найти ответ, можно сформулировать так: ...

В основной части презентации (доклада):

а) План презентации (доклада)

Сначала я хочу познакомить вас с основными идеями моей презентации (моего доклада).

Позвольте ознакомить вас с основными пунктами моей презентации.
Я хотел(а) бы (хочу) поговорить о следующих пунктах (по следующему плану): ...
Содержание моей презентации (моего доклада) следующее: ...
Во-первых, ..., во-вторых, ..., в-третьих, ... и наконец, ...

б) Отдельные (Ключевые) пункты презентации (доклада)

Сейчас перехожу к первому (второму, следующему, последнему) пункту моей презентации (моего доклада).
Следующим пунктом моей презентации (моего доклада) является ...
Посмотрите, пожалуйста, на ...

~ этот график.
~ эту диаграмму.
~ эту таблицу.
~ эту схему.
~ эту картину.
~ эту фотографию.
~ эту карикатуру.

Здесь чётко (ясно) видно, что ...
Это можно объяснить тем, что ...

в) Презентация материала с помощью выражений

– для описания картин
  - ☞ *см. 6. Описание и анализ картины*
– для описания и интерпретации карикатур
  - ☞ *см. 7. Описание и интерпретация карикатуры*
– для резюме текста
  - ☞ *см. 1. Резюме литературного текста*
– для обоснования мнения
  - ☞ *см. 3. Объяснение (обоснование) мнения, цитаты, тезиса, пословицы*
– для сообщения о проведённом опросе
  - ☞ *см. 9. Сообщение о проведённом опросе*
– - для анализа статистики
  - ☞ *см. 10. Анализ статистики*

В заключительной части презентации (доклада):

а) Название источников информации

Я использовал(а) следующие источники информации: ...
В первую очередь (Прежде всего) я использовал(а) материал(ы) из газеты (журнала) «...».
Моя презентация основана на информации, размещённой на интернет-сайте ...

б) Обращение к слушателям с просьбой задавать вопросы

А сейчас вы можете задать свои вопросы.
Если кто-то желает задать вопрос, пожалуйста, не стесняйтесь, задавайте.
Я готов(а) ответить на ваши вопросы.
Я с удовольствием отвечу на все вопросы.

в) Выражение благодарности

Благодарю вас (Спасибо вам) за внимание.

5. Ведение дискуссии и выражение мнения

Во вступительной части дискуссии:

а) Приветствие

Я (сердечно) приветствую ...

- ~ вас (всех присутствующих).
- ~ всех участников нашей дискуссии (нашего круглого стола).
- ~ всех, кто интересуются этой темой (вопросами *чего?...*).
- ~ нашего гостя (нашу гостью, наших гостей) из ...

б) Представление собеседников

У нас сегодня в гостях ...

- ~ господин (госпожа) ...
- ~ ученики (*какого класса? какой школы?*) ...

Наши гости сегодня – ...

Я пригласил(а) *(кого?)* ...

Слева от меня (сидит, сидят) ..., а справа ...

в) Объявление темы (проблемы, предмет беседы, спора)

Нас (всех) волнует вопрос (тема, проблема) *(кого? чего?)* ...

Главный вопрос нашей дискуссии – ...

Центральный вопрос, на которой мы (по)стараемся найти ответ, можно сформулировать так: ...

г) Открытие дискуссии

Объявляю нашу дискуссию открытой.

Этим я открываю нашу дискуссию и прошу *(кого?)* ... первым, высказать (объявить) свою точку зрения.

В основной части дискуссии:

а) Ведение дискуссии, опрос участников

Пожалуйста, изложите (объясните подробнее) свою точку зрения.

Приведите, пожалуйста, конкретные примеры.

Какая точка зрения Вам ближе, господин (госпожа) ...?

Вы, очевидно, не согласны с этим мнением, господин (госпожа) ...

Господин (Госпожа) ..., согласны ли Вы с ...

- ~ предыдущим мнением?
- ~ мнением Вашего оппонента?
- ~ высказанным мнением или ваша позиция иная?

Согласны ли вы со сказанным?

А что вы думаете по этому вопросу?

б) Порядок опроса

А сейчас Вы, господин (госпожа) ..., можете высказать (изложить, объяснить) свою точку зрения.

Меня интересует, как Вы, господин (госпожа) ... смотрите на это.

в) Соблюдение норм речевого общения и речевой культуры

Говорите, пожалуйста, ...

- ~ громче.
- ~ по очереди.
- ~ не все сразу (одновременно).

Господин (Госпожа) ..., пожалуйста, не перебивайте (прерывайте)
Вашего собеседника (вашу собеседницу).
Просьба высказываться по существу вопроса (не отклоняться от темы).

Участники могут ...

... выразить своё согласие.
Я (абсолютно) согласен (согласна) с *(кем? чем?)* ...
Я не против.
Я разделяю это (твоё, ваше) мнение.
Я придерживаюсь той же точки зрения.
Я не возражаю против этого.
Я как раз хотел(а) это предложить.
Я (Мы) – за!
Почему (бы и) нет?
Совершенно правильно.
Это (действительно) так.
Это ... предложение!
~ хорошее
~ отличное
~ замечательное
~ прекрасное
~ превосходное
~ дельное
Отличная (замечательная) мысль!
Это прекрасная (превосходная) идея!
Отлично!
Замечательно!
Прекрасно!
Превосходно!
Здорово! *разг.*

... выразить своё несогласие.
Я ... не согласен (согласна) с тобой (с вами).
~ совсем
~ совершенно
~ абсолютно
~ категорически
К сожалению, я придерживаюсь другого мнения (на этот счёт).
Мне очень жаль, но у меня другое мнение (другой взгляд) (на этот счёт).
Извини(те), но я смотрю на это иначе (по-другому).
Ты не (совсем) прав(а)/вы не (совсем) правы.
Я считаю это неправильным, потому что ...
Я (категорически) против *(чего?)* ...
Мне не нравится, что ...
Об этом не может быть речи!
Ни в коем случае!
В основном ты прав(а)/ вы правы, но ...
~ я хочу отметить ещё другую сторону этой проблемы.
~ есть ещё другие пункты, на которые нужно (надо, следует, стоит) обратить внимание.

Это не так (не совсем правильно).
К сожалению, ты ошибаешься (вы ошибаетесь).
Это не совсем точно. Точнее говоря, ...
Прости(те), но я хотел(а) бы уточнить, ...
Сомневаюсь, что это так. Я уверен(а), что ...
Насколько мне известно, это не совсем так.

... перечислить факты.
Во-первых, необходимо ...
В первую очередь, ...
Во-вторых, не менее важно ...
Конечно, нельзя забывать о *(ком? чём?)* ...
Кроме того, в-третьих, нужно назвать *(кого? что?)* ...
Обязательно нужно добавить, что ...
В конце концов нельзя забывать, что ...

... выразить своё удивление и негодование.
Правда?
Неужели это так?
Удивительно!
Я возмущён (возмущена) *(чем?)* ...
Этого я не знал(а).
Что ты говоришь (вы говорите)!
Это действительно так?
Вот это да! *разг.*
(Ну) что ты (вы)! *разг.*

... выразить своё сомнение.
Правда? Серьёзно? Действительно? Неужели?
Тебе (Вам) так кажется?
Ты уверен(а)? (Вы уверены?)
Маловероятно.
Вряд ли.
Я не убеждён (убеждена) в этом.
Я не совсем уверен(а) в этом.
Я сомневаюсь (в этом).
Это очевидно не так.
Трудно сказать.
Кто знает.
На мой взгляд (По-моему), это не совсем верно.
Ты действительно так думаешь (считаешь)?
Вы действительно так думаете (считаете)?

... выразить свою уверенность.
Я убеждён (убеждена́) в *(чём?)* ...
Я не сомневаюсь (в этом).
В этом нет сомнения!
Я уверен(а) в этом.
Это очевидно так.
Я это точно знаю.

На мой взгляд (По-моему), это верно.
Да, конечно.
Нет, никакого сомнения, что это оказалось правильным.

... выразить своё предположение.
Я предполагаю, что ...
Предположим, что ...
Можно предположить, что ...
Допустим, что ...
Мне (нам) кажется, что ...
Я (не) считаю, что ...

В заключительной части дискуссии:

Завершение дискуссии, подведение итогов
Мы, по-моему, (про)вели оживлённую дискуссию.
Дискуссия, на мой взгляд, была интересной, плодотворной и откровенной.
Каждый из вас получил возможность высказать своё мнение.
Мы выслушали разные (противоположные) точки зрения.
Мы, наверное, (не) придём к единому мнению.
Несмотря на противоположные точки зрения в начале дискуссии (разговора) мы, в конце концов, пришли к единому мнению.
Большое спасибо всем участникам (дискуссии) за интересную беседу (за активное участие).
Благодарю всех присутствуюших за интересную дискуссию.

6. Описание и анализ картины

а) Общие данные картины
Картина « ...» написана (Портрет написан, нарисован) *(кем? когда?)* ...
~ (не)известным художником (дадаистом, русским пейзажистом).
~ в начале прошлого века (в раннем периоде творчества).
Я увидел(а) картину (график, портрет, натюрморт) ...
~ первый раз (случайно) ...
– на онлайн-выставке.
– на интернет-сайте ...
– в (картинной) галерее ...
– в журнале «...».
– в старом альбоме репродукций.
Картина выставлена (висит) в картинной галерее (музее, кабинете).

б) Автор произведения
Автор картины – ...
~ художник-портретист.
~ пейзажист.
~ маринист.
~ художник-абстракционист.
~ представитель русского реализма (школы символизма, импрессионизма).
~ сюрреалист.
~ художник-передвижник.

в) Создание картины

Художник (Художница) написал(а) картину ...

~ маслом (на холсте).

~ акварелью.

Портрет (Рисунок) написан ...

~ тушью.

~ карандашом (на бумаге).

~ углём.

~ пастелью.

г) Композиция картины и краски

В центре картины находится (находятся) *(кто? что?)* ...

На переднем (на заднем) плане картины находится (находятся) *(кто? что?)* ...

Центральное место в этой картине занимает *(кто? что?)* ...

На рисунке изображён (изображена́, изображено́, изображены́) *(кто? что?)* ...

Художник (Художница) написал(а) картину ... красками.

~ яркими

~ холодными

~ тёплыми

~ светлыми

~ мрачными

Моё внимание привлекает ...

~ деталь (детали) (*чего?*) ...

~ композиция.

~ перспектива.

~ сочетание красок.

Моё внимание привлекают ...
краски.

~ зелёные

~ красные

~ яркие

~ тёмно-синие

~ светло-серые

М. Шагал: День рождения

д) Идеи (Интерпретация) картины

Художник (Художница) ...

~ выражает свои мысли (переживания).

~ отражает величину пространства.

~ передаёт настроение (чувства, характер) (*кого?*) ...

~ стремился (стремилась) передать (выразить) красоту (*кого? чего?*) ...

~ уловил(а) характерный жест (улыбку, выражение лица) (*кого?*) ...

~ создал(а) типичный образ (*кого? чего?*) ...

е) Впечатления от картины

Картина создаёт ... настроение.

~ радостное
~ весёлое
~ грустное
~ печальное

Картина ...

~ производит на меня очень сильное (приятное) впечатление.
~ заставляет задуматься над (*чем?*) ...
~ вызывает чувство ...
  – радости и восторга.
  – печали.
  – недоумения.
  – удивления.
~ оставляет незабываемое (неизгладимое) впечатление.

7. Описание и интерпретация карикатуры

а) Композиция карикатуры

Карикатура портретная.

(Кто? Что?) находится (находятся) ...

~ в центре карикатуры (рисунка).
~ на переднем (на заднем) плане карикатуры.

Центральное место в карикатуре занимает (занимают) *(кто? что?)* ...

Художник-карикатурист (Художница-карикатуристка) изображает *(кого? что?)* ...

На карикатуре (на рисунке) изображён (изображена́, изображено́, изображены́) *(кто? что?)* ...

Моё внимание привлекает (привлекают) *(кто? что?)* ...

б) Тема карикатуры

Это карикатура на ... тему.

~ социально-общественную
~ глобальную
~ политическую
~ бытовую

Карикатура отражает актуальную (центральную) проблему общества.

в) Особенности изображения

Художник-карикатурист (Художница-карикатуристка) преувеличивает ...

~ изображение (*кого? чего?*) ...
~ то, на что он(а) хочет обратить внимание.

Художник-карикатурист (Художница-карикатуристка) подчёркивает негативные стороны (черты) этого образа жизни (характера человека).

Изображение (*кого? чего?*) ...

~ создаёт комический эффект.
~ не соответствует действительности (реальности).
~ не отражает отношения такими, какими они являются в действительности.

На карикатуре реальное соединяется с фантастическим.

г) Идеи и критика

Художник-карикатурист (Художница-карикатуристка) ...

~ обращает внимание наблюдателя на положение (ситуацию) *(кого? чего?)* ...

~ указывает на ...

– недостатки (*кого? чего?*) ...

– людские (человеческие) слабости и недостатки.

– нарушение норм (*чего?*) ...

– преступление (безнравственные поступки).

– бюрократическое и равнодушное отношение к *(кому? чему?)* ...

Автор карикатуры ...

~ критикует (*кого? что?*) ...

~ характеризует (*кого? что?*) ...

Это ... критика.

~ обоснованная

~ уничтожающая

~ серьёзная

~ существенная

д) Оценка карикатуры

Карикатура мне (не совсем) нравится.

Карикатура не производит на меня никакого впечатления.

Карикатура, по-моему (на мой взгляд, с моей точки зрения), ...

~ великолепна (плоха).

~ (не)интересна.

~ несообразна (нелепа).

~ (не)справедлива.

Карикатура ...

~ заставляет задуматься над (*кем? чем?*) ...

~ высказывает правду о (*ком? чём?*) ...

Я полностью разделяю мнение художника-карикатуриста (художницы-карикатуристки).

Я не разделяю мнения художника-карикатуриста (художницы-карикатуристки).

е) Автор карикатуры

Автор карикатуры – ...

~ известный русский (немецкий) художник-карикатурист.

~ малоизвестная русская (немецкая) художница-карикатуристка.

ж) Источник

Я увидел(а)/нашёл (нашла) этот рисунок (эту карикатуру) ...

~ на интернет-сайте ...

~ в газете (журнале) «...».

Карикатура была опубликована в газете (в журнале) «...» в ... году.

8. Написание неофициальных (электронных) писем

Во вступительной части письма:

а) Название места, дата
Омск, 20 октября 2011 г.
Лейпциг, 6. 12. 2010 г.

Письма пишут разные
Слёзные, болезные,
Иногда прекрасные,
Чаще – бесполезные.
Константин Симонов

б) Приветствие и обращение
Дорогая Лариса! Дорогой Ваня!
Дорогая Таня, здравствуй!
Привет, Павлуша!
Дорогой мой, любимый Андрей!
Милые (любимые, родные) мои Аня и Павел!
Дорогие мои мамочка и папочка!
Дорогая Светлана Васильевна!
Уважаемый Валерий Михайлович!

в) Благодарность
Большое спасибо за Ваше (твоё) письмо (электронное сообщение, e-mail) от 12 января.
С интересом прочитал(а) о том, что ...

г) Извинение
Извини(те), что я долго не писал(а).
Сразу не мог(ла) ответить на Ваше (твоё) (электронное) письмо (Ваш (твой) e-mail).

д) Ответ на просьбу
Охотно отвечу на Ваши (твои) вопросы.
Вас (тебя) интересует *(кто? что?)* ...

е) Просьба
Обращаюсь к Вам (тебе) с просьбой: ...
Не могли бы Вы рассказать (написать, сообщить) о *(ком? чём?)* ...
Не мог(ла) бы ты рассказать (написать, сообщить) о *(ком? чём?)* ...

В заключительной части письма:

Прощание, а также просьба передать приветы и пожелания
На этом письмо кончаю.
На этом я заканчиваю.
Ну, вот (пока) и всё.
С нетерпением жду Вашего (твоего) ответа (письма, сообщения).
Радуюсь нашей встрече.
До свидания! До (скорой) встречи! Пока!
С сердечным (большим, дружеским) приветом.
Передай(те) ... *(кому?)*.
~ большой (сердечный) привет
~ наилучшие пожелания
Не болей(те)! Выздоравливай(те)!
Пиши(те)!
Пиши(те) о себе и о *(ком? чём?)* ...
Обнимаю тебя (Вас, всех вас).

(Крепко) целую.
Всего хорошего (доброго)!
Твой (твоя) ...
Ваш(а) ...
Любящий (Любящая, Любящие) Вас (тебя, вас) ...
С любовью, Катя
С уважением, Костя

9. Сообщение о проведённом опросе

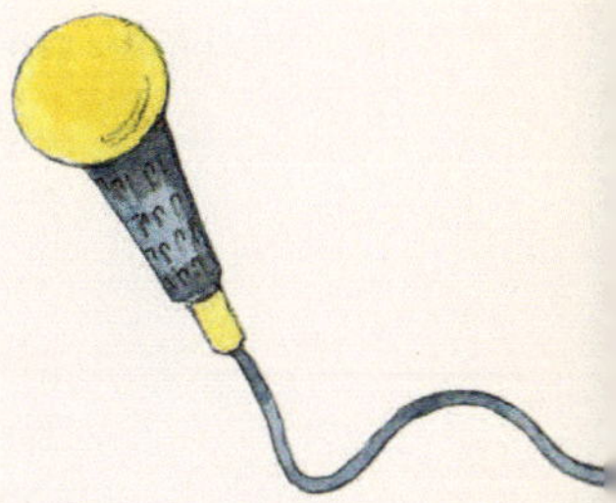

а) На какую тему был проведён опрос?

Мы (Наша группа) провели (провела) опрос на тему «...».
Мы задали следущий вопрос: ...
Нас (очень) интересовало мнение *(чьё? кого?)*, поэтому мы попросили их заполнить опрос-анкету на тему *(чего?)* ...
Опрос состоит из *(скольких?)* вопросов. Первый вопрос: ...

б) Когда, где и кем был проведён опрос?

Опрос был проведён ...
- ~ в марте (*какого?*) ... года.
- ~ в начале (середине, конце) этого (прошлого) месяца (года).
- ~ в школе.
- ~ на вечеринке.
- ~ в молодёжном клубе.
- ~ на улице.
- ~ журналистом газеты «...».
- ~ сотрудниками института ...
- ~ администрацией интернет-сайта ...

в) Кто участвовал в опросе?

Мы провели опрос среди *(кого?)* ...
- ~ учителей (учеников) нашей школы.
- ~ наших знакомых.

В этом опросе участвовал(и) *(кто? сколько человек?)* ...
Участники опроса – *(кто? какого возраста?)* ...
Всего в данном опросе принял(и) участие *(сколько человек?)* ... человек(а).
В онлайн-опросе приняло участие около (приблизительно, примерно) ... человек.

г) Что показывают результаты опроса?

Результаты этого (данного) опроса ...
- ~ интересны тем, что ...
- ~ произвели большую сенсацию.
- ~ не произвели никакой сенсации.
- ~ в целом свидетельствуют о (*чём?*) ...
- ~ показали, что большинство (меньшинство) респондентов выступает за (*что?*) ...
- ~ свидетельствуют, что большая (меньшая) часть опрошенных (респондентов) проголосовала за *(кого? что?)* ...
- ~ выявили (некоторые) существенные различия во мнениях (*кого?*) ...

Все без исключения респонденты (опрошенные ученики) отметили (не)согласие с тем, что ...

10. Анализ статистики

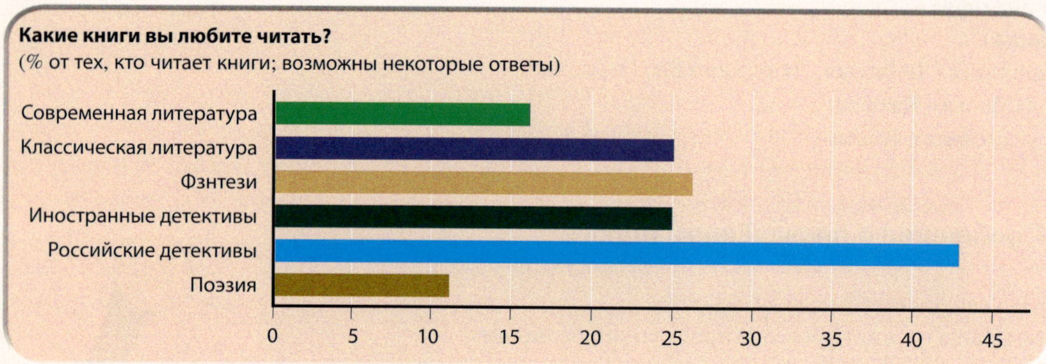

а) Что отражают данные статистики?

Данные официальной статистики о *(чём?)* ...
Статистика показывает, что ...
Статистические данные показывают, что ...
Здесь представлены статистические данные ...

~ о (*чём?*) ...
~ на основе проведённого опроса на тему (*чего?*) ...

☞ *см. также 9. Сообщение о проведённом опросе*

б) Когда и где была опубликована статистика?

Статистика *(чего?)* (была) опубликована ...

~ на интернет-сайте ...
~ в газете (молодёжном журнале) «...».

в) В каком виде (В какой форме) представлены статистические данные?

Данная статистика представлена в виде (в форме) ...

~ (столбчатой, круговой) диаграммы.
~ таблицы.
~ графика.

Статистика с надписями и легендой (без легенды).
Справа от диаграммы находится легенда.
Красный (серый) цвет в легенде обозначает ...
Распределение ответов приводится в процентах от общего числа опрошенных.

г) Какую информацию показывает статистика?

Из статистического материала (Из статистических данных) видно, что ...

~ уровень (*чего?*) ... снизился (повысился) на (до) ... %.
~ процентная доля (*чего?*) ... снизилась (повысилась) на (до) ... %.

Статистика показывает, что (примерно) ... % *(кого? чего?)* ...

д) К каким выводам можно прийти?

Из данных статистики следует, что ...

~ большая (маленькая) часть (*кого? чего?*) ...
~ населения ... (*какой страны? какой федеральной земли?*) ...
~ молодых людей ...
~ опрошенных (респондентов) ...

Данные статистики подтверждают, что ...

~ наибольшее (наименьшее) число (количество) (*кого? чего?*) ...

11. Сказка

а) Название и его издание

Сказка называется «...».

Моя любимая сказка – это сказка ...

~ «...» братьев Гримм.

~ «...» из коллекций русских народных сказок.

Сказка создана (сочинена) *(кем?)* ...

☞ *см. также. 1. Резюме литературного текста*

б) Классификация произведения

Сказка ...

~ народная (фольклорная).

~ литературная (авторская).

~ о животных (зверях, зверятах).

Сказка – один из видов повествовательной литературы.

Это художественное повествование ... характера.

~ фантастического

~ приключенческого

~ бытового

в) Композиция сказки

Сказки начинаются с зачина (*жил-был, жила-была, жили-были*) и с присказки[1].

В начале этой сказки даётся указание на ...

~ время и место действия.

~ действующих лиц и их социальное положение.

~ характер или внешность главного героя.

В начале этой сказки даётся представление действующих лиц и главного героя.

В этой сказке встречается троекратное повторение событий.

Троекратный повтор – обязательный приём для русского фольклора.

Главный герой трижды повторяет действие:

~ трижды борется с Кощеем Бессмертным.

~ трижды открывает чудесный ящик (волшебный сундучок).

~ трижды надевает волшебную рубашку.

~ трижды ездит на волшебном коне.

~ трижды пьёт из волшебного колодца.

~ трижды выполняет трудную задачу.

~ трижды произносит волшебные слова.

Речь идёт о *(ком? чём?)* ...

~ трёх предметах (например, о трёх молодильных яблоках).

~ трёх образах (например, о трёх девицах).

~ трёх местах (например, о трёх подземных царствах).

Сказка завершается (кончается) концовкой[2]: *Я там был, мёд-пиво пил, по усам текло, да в рот не попало.*

Сказка заканчивается словами: *Сказка ложь, да в ней намёк! Добрым молодцам урок.*

В этой сказке хороший (добрый) конец.

Эта сказка хорошо заканчивается.

---

1 присказка Einleitung im Märchen

2 концовка *ср.* конец

г) Герои в сказках

В каждой сказке есть положительный и отрицательный персонаж.

Положительный герой ...

~ совершает героические подвиги.
~ выполняет трудные задачи.
~ помогает слабым.
~ освобождает (*кого? что?*) ... от (*кого? чего?*) ...
~ умеет летать сам по себе (разговаривать с животными и неодушевлёнными предметами).

Герою (Героине) помогают добрые феи (волшебники), а также волшебные средства, например, ...

~ волшебное слово.
~ чудесный ящик (волшебный сундучок).

Отрицательный персонаж – это, например, ...

~ Баба-яга (злой колдун).
~ злой волшебник (злая волшебница).
~ противник героя (героини).
~ жадный старик (жадная старуха).
~ жестокое чудовище, которое вредит героям.
~ Змей Горыныч (огнедышащий дракон, монстр).

д) Язык в сказке

Характерно для этой сказки – использование уменьшительных форм слов, например, *реченька* вместо *река*.

В сказке встречаются народно-разговорные формы речи, например, *скажи-ка* вместо *скажи*.

е) Мораль сказки или точка зрения автора

☞ *см. 1. Резюме литературного текста и 12. Басня*

12. Басня

а) Название

Басня называется ...

☞ *см. также 1. Резюме литературного текста*

б) Автор

Автор – ...

~ легендарный древнегреческий баснописец Эзóп.
~ великий русский баснописец Ивáн Крылóв.

☞ *см. также 1. Резюме литературного текста*

в) Классификация произведения

Басня – ...

~ очень древний жанр в литературе.
~ короткий рассказ в стихах или прозе с чётко сформулированной моралью, сатирический по направленности и имеющий иносказательный смысл.
~ сочинена в стихах (в прозе).
~ представляет собой краткий рассказ нравоучительного характера.
~ похожа на сказку.

г) Герои в басне

Действующими лицами выступают ...

- ~ простые люди.
- ~ люди из народа.

Героями этой басни являются животные (звери, птицы), например, лев, слон, петух, кукушка, ворон ...

Басня широко использует олицетворение: действующие лица – растения, неодушевлённые предметы.

Животные (Звери) в этой басне ...

- ~ умные.
- ~ хитрые.
- ~ мудрые.
- ~ слабые.
- ~ смелые.
- ~ трусливые.
- ~ храбрые.

В басне легко узнать характеры животных.

д) Мораль в басне

В конце басни автор произносит нравоучение (поучение, мораль).

В этой басне мораль не высказана.

В этой басне читатель должен сам догадаться, что хотел сказать автор.

Басня учит нас тому что, ...

- ~ и трусливый может стать храбрым.
- ~ тот, кому ты помог сегодня, поможет тебе завтра.
- ~ тот, кто сам совершает зло, хочет обвинить в этом другого.

Можно сделать такой вывод: ...

Такой вывод мне кажется подходящим басне по смыслу: ...

В басне обличаются (изображаются) такие человеческие пороки, как например, ...

- ~ трусость (трусливость).
- ~ слабость.
- ~ боязливость.
- ~ лень.
- ~ хитрость.
- ~ глупость.

13. Оценка и самооценка результатов работы

Оценка общего впечатления (о проделанной работе):

Я считаю ...

- ~ эту презентацию одной из самых лучших.
- ~ этот доклад (диалог) одним из самых (не)удачных.

По-моему, всё, что нужно (необходимо, следует) сказать на эту тему, сказано.

Докладчик (Докладчица) полностью раскрыл(а) тему.

Тема, к сожалению, не (совсем) раскрыта.

Референт пропустил(а)/упустил(а) из виду важные детали.

Заметно, что они (по)старались выполнить задачу.

К сожалению, они не справились с этим заданием (этой работой).

Докладчик (Докладчица) соблюл(а) пропорции между частями доклада.

Это была оживлённая дискуссия.

Каждый внёс свой вклад в эту дискуссию.

Референт уверенно отвечал(а) на вопросы ведущего (присутствующих).

Мне кажется, что докладчик (докладчица) (не) учёл (учла) ответы на вопросы других участников (дискуссии).

Мне очень (особенно) ... понравился (понравилась, понравилось, понравились) (*что?*) ...

По-моему, он(а) ...

- ~ не сделал(а) ошибок.
- ~ не сделал(а) ни одной ошибки.
- ~ допустил(а) несколько (много) ошибок.

Самооценка

Мне кажется, все с интересом (по)слушали мою презентацию.

Очевидно, я недостаточно хорошо подготовил(а) (*что?*) ...

Я плохо подготовился (подготовилась) к (*чему?*) ...

Мы, к сожалению, мало репетировали (*что?*) ...

К сожалению, у меня было слишком мало времени на подготовку (*чего?*) ...

К сожалению, мне (не) удалось провести хорошую (настоящую) дискуссию.

Использование наглядного материала:

Докладчик (Докладчица) показал(а) нам (не) очень ... фотографии (наглядные графики, цветные диаграммы).

- ~ интересные
- ~ подходящие
- ~ красивые
- ~ необычные

Наглядный материал, использованный в докладе (в презентации), помог мне ...

- ~ лучше понять, о чём идёт речь.
- ~ глубже вникнуть в суть дела.
- ~ понять (важные) детали содержания.

Показанные картины (не) соответствовали содержанию доклада (презентации).

Они выбрали скромную (подходящую) декорацию для каждой сценки.

Самооценка

Может быть, я ...

- ~ использовал(а) не совсем подходящий (актуальный) материал.
- ~ выбрал(а) слишком мало картин и фотографий.

Я сейчас вижу, что выбрал(а) для (*чего?*) ...

- ~ не совсем подходящие (удачные) фотоснимки.
- ~ не совсем яркие краски.
- ~ совсем маленькие буквы.

Вы, конечно, заметили, что у меня, к сожалению, возникли трудности технического характера.

Оценка презентации:

Референт (не)свободно говорил(а).
Докладчик (Докладчица) всё время смотрел(а) в свои записи.
Во время презентации он(а) ...
- ~ не смотрел(а) на нас.
- ~ не смотрел(а) на слушателей (присутствуюших).

К сожалению, он(а) говорил(а) очень (слишком) быстро (медленно).
По-моему, он(а) говорил(а) ...
- ~ совсем (слышком) тихо.
- ~ (не)выразительно.

Ему (Ей), к сожалению, не удалось справиться с технической проблемой.
Они выразительно играли маленькую сценку.
Больше всего мне понравился (понравилась, понравилось, понравились) *(кто? что?)* ...
Он(а) блестяще вёл (вела) сложную (не совсем простую) дискуссию.

Самооценка
Сегодня я говорил(а) свободно (не так быстро).
Я старался (старалась) ...
- ~ смотреть на всех присутствующих.
- ~ говорить громко и ясно (выразительно).

Использованные источники:

Докладчик (Докладчица) использовал(а) разнообразные источники информации.
Он(а) (не) указал(а) ...
- ~ на использованные источники.
- ~ на список использованной литературы.

Самооценка
Я считаю (думаю), что презентация (не совсем) удалась.
Я (не) забыл(а) назвать источники использованной литературы.

Quellen

Internetseiten überprüft 25.01.2010

Umschlagseite Толстой Л. Н. Детям. Москва, 1999.
Modul 1 Нойтингер Г. В Москву по любви. 2009. | Попова И. Дети до 16.//Огонёк. – 2008. № 44. | Попова И. Всегда в форме.// Огонёк. – 2008. № 43.
Modul 2 Улицкая Л. Дочь Бухары.//Бедные, злые, любимые. Москва, 2002. | Члаки И. Про маленького Бегемотика. 2003. | Исаак Ильич Левитан. http://all-biography.ru/alpha/l/levitan-isaak-levitan-isaac
Modul 3 Вальтер Х. Зачем объединённой Европе русский язык? 2009. | Константин Эдуардович Циолковский. Россия. Иллюстрированная энциклопедия. Москва, 2007.; Космодемьянский А., Энциклопедия «Космонавтика», Москва, 1985. | Кулакова Н.И. Софья Ковалевская.//Восход. 2007. № 4 (180); Россия. Иллюстрированная энциклопедия. Москва, 2007. | Медведев Ю. Дмитрий Иванович Менделеев.//Российская газета//Федеральный выпуск № 4845; Россия. Иллюстрированная энциклопедия. Москва, 2007. | Обыкновенный миллиардер.//Аргументы и факты. – 2008. – № 22. – 28 мая. | Андрей Дмитриевич Сахаров. http://www.hrono.ru/biograf/saharovad.html | Путин В.В. Российский «Газпром» и Европа. Интервью Первому каналу германского телевидения «АРД». http://www.premier.gov.ru/events/1701.html; | http://www.gazpromquestions.ru/index.php?id=32; http://light.finam.ru | Москалькова М. Современный спорт: шоу-бизнес или самосовершенствование? http://www.voanews.com/russian/archive/2008-08/2008-08-01-voa15.cfm?moddate= 2008-08-01 | Ларшина Н. Спорт в индустриальном обществе эпохи глобализации. http://www.lomonosov-msu.ru/archive/Lomonosov_2007/17/larshina_nv.doc.pdf | Puschkin A.S. M. Gesammelte Werke in sechs Bänden, übers. von M. Remané. Band 1 «Gedichte».Berlin, Weimar, 1973.
Modul 4 Города – миллионники России.//Аргументы и факты. – 2009. – № 12. – 18 марта. | Кухаренко Е. Как живётся россиянам. 2009. | Кухаренко Е. Путешествия на благо природе. 2009. | Попутчики на Транссибе.//По свету. Берлин, 1995. – № 2. – Март/Апрель. | Толстой Л.Н. Волга и Вазуза.//Толстой Л.Н. Для детей. Москва, 1976. | Россия между Европой и Азией.// Известия. – 2005. – 22 апреля. http://www.izvestia.ru/comment/article1662081/
Modul 5 Вячеслав Молотов о начале войны.//Энциклопедия для детей. История России. Москва, 1995. – Том 5. – Часть 3. | Кутузов. Из речи Кутузова в конце Отечественной войны.// Энциклопедия для детей. История России. Москва 1997. Том 5 – Часть 2. | Лукьянов Ф. 42: между СССР и Россией.//Огонёк. – 2008. – № 11. | Кудрявцева Е. Российская история глазами школьников.//Огонёк. – 2008. – № 50. | Скрынников Р. Пушкин. Тайна гибели. СПб, 2006. | Государственная символика. По материалам сайта Посольства Российской Федерации в ФРГ (http://www.russische-botschaft.de/index.php?id=140&L=3); The Epoch Times (Великая Эпоха), (http://www.epochtimes.ru/content/view/19916/34/) | Екатерина Вторая – немка на российском троне. http://www.stadthalle-zerbst.de/html/katharina.htm | Конкурс «Имя Россия. Исторический выбор». http://www.dw-world.de/dw/article/0,,3908742,00.html | Конкурс в зеркале прессы 29 декабря 2008 г. http://www.kavkaz-uzel.ru/newstext/news/id/1225073.html | Кудряшов К. Екатерина II: Замужем за империей.//Аргументы и факты. – 2009. – 21 апреля. http://www.aif.ru/society/article/26273 | Немецкий конкурс «Наши лучшие». http://www.zdf-jahrbuch.de/2003/programmarbeit/arens.htm | Поздравление Посла России в ФРГ с праздником Победы в Великой Отечественной войне. http://russische-botschaft.webseiten.cc/index.php?id=168&L=3&tx_ttnews%5Btt_news%5D=163&tx_ttnews%5BbackPid%5D=172&cHash=8dbdf8109a
Modul 6 Куликова М. Люблю СМС, но скучаю по письмам в конвертах.//Огонёк. – 2005. – № 07. – 14 февраля. | Интернет-зависимость. Из форума «пустоты.нет», http://www.pustoty.net/showthread.php?s=c7027e0f4899fa4f6570ba3a67d23dad&t=1734 | Кислицына И. Германия и Россия - обоюдные стереотипы восприятия. www.dw world.de/dw/article/0,,1684699,00.html | Самые читающие страны мира. РИА «Новости». – 2008. – 11 июня. http://www.rian.ru/spravka/20080611/110842173.html

Bildnachweis

Cover © Franz-Marc Frei/Corbis **8** RIA NOVOSTI 2009(2); René Heilig, Berlin; imago stock&people **9** RIA NOVOSTI 2009 (2); Robina Feldhahn, Braunschweig **10, 11** www.brinkhoff-fotos.de **12** istock.com (6) **14** Hintergrund: Fotolia; Mike Schroeder/argus **15** RIA NOVOSTI 2009 **16** www.flickr.com **17** istock.com; flickr.com **18** RIA NOVOSTI 2009 **19** LAIF **20** RIA NOVOSTI 2009 **22** flickr.com **23, 24, 25** (2), **26** (o) RIA NOVOSTI 2009 **26** (u), **27** flickr.com **28** H. Walter, Greifswald (3); Christian Pankratz/Ostkreuz; akg-images/Erich Lessing **29** Hintergrund: H. Walter, Greifswald; Werner OTTO; WILDLIFE **30** Ostkreuz **31, 32** Caro/Kahnert **37, 38** PITER fm Alexander Rodnjanskij/Igor Tolstunov **39** Gudrun Petersen/JOKER **40** (o) wikipedia.com; (u) RIA NOVOSTI 2009 **41** (2), **42** flickr.com **43** Danny Otto/flickr.com **44** (o) akg-images/RIA Nowosti; (u) akg-images **46** (o + u) akg-images; (m) Cornelsen Archiv **47** THE BRIDGEMAN ART LIBRARY **48** imago stock&people; Harry Walter, Greifswald (2); flickr.com; (u) wikipedia.com **50** H. Walter, Greifswald **52** istock.com (5) **56** RIA NOVOSTI 2009 **57** Cornelsen Archiv **58** wikipedia.com **59** ullstein bild – Nowosti **61** (o) picture-alliance/Pressefoto UL (u) picture-alliance/ dpa **62** (o) picture-alliance/dpa; (u) Jürgen Hofmann, Gelsenkirchen **63** R. Heilig, Berlin; (3); StockFood; H. Walter, Greifswald **65** picture-alliance/ dpa/dpaweb **68** photothek **69** © Ken McKimm/Icon SMI/Corbis **70** Cinetext Bildarchiv **71** (o) picture-alliance/KPA/Andres; (u) RIA NOVOSTI 2009 **72** ITAR-TASS (5) **74** imago stock&people; flickr.com; Das Fotoarchiv; picture-alliance/ dpa/dpaweb; RIA NOVOSTI 2009; imago stock&people **77** flickr.com **78** wikipedia.com **79, 80** (2) Tobias Scheuerer, Filderstadt **81** (o) H. Walter, Greifswald; (m) imago stock&people **82** Cornelsen Archiv **83** picture-alliance/akg-images **84** (o) ITAR-TASS; (u) imago stock&people **85** (l) picture-alliance/ dpa; (r) WILDLIFE **87** flickr.com **89, 90** imago stock&people **91** (m) ALIMDI.NET/Friedrich Saurer; (u) imago stock&people **92** RIA NOVOSTI 2009 (2); flickr.com; R. Heilig, Berlin; flickr.com **93** flickr.com; RIA NOVOSTI 2009 (2); R. Heilig, Berlin; flickr.com **94** picture-alliance/ZB **95** R. Heilig, Berlin (2); (u) Russian Look **98** (o) ITAR-TASS; (u) wikipedia.de **99** flickr.com **100** akg-images (8) **101** akg-images (4); picture-alliance/dpa; wikipedia.com; RIA NOVOSTI 2009; ullsteinbild; ITAR-TASS **102** wikipedia.com (4) **103** RIA NOVOSTI 2009 (2) **105** akg-images **106** wikipedia.com **107** Ljudmila Romantschenko, Pskow (3) **108** akg-images; Cornelsen Archiv (2) **109** flickr.com **110** flickr.com **111, 112** wikipedia.com **113** ullsteinbild **115** (o) RIA NOVOSOTI 2009; (u) akg-images (3); RIA NOVOSTI 2009 (1) **116** akg-images (3); picutre-alliance/dpa (1) **117** flickr.com **119** Cornelsen Archiv **120** akg-images (8); Cornelsen Archiv (2); wikipedia.com (1); RIA-NOVOSTI (1) **124** flickr.com **125** picture-alliance **130** flickr.com **132** istock.com; backup-images.com **136** Bildmaschine.de/Michaela Begsteiger; imago stock&people; flickr.com; www.stillsonline.de **137** flickr.com; PhotoXPress/VISUM; vario images (2) **148** R. Heilig, Berlin **153** VG BILD-KUNST Bonn 2009